AF140517

Hermann Ruhland

Gedenke meiner Neujahrs-, Geburtstags-, Hochzeits-,

Stammbuchs-, Pathen-, Konfirmations-, Jubiläums- und

Beileidsgedichte für Schule und Haus

Hermann Ruhland

Gedenke meiner Neujahrs-, Geburtstags-, Hochzeits-, Stammbuchs-, Pathen-, Konfirmations-, Jubiläums- und Beileidsgedichte für Schule und Haus

ISBN/EAN: 9783743605329

Hergestellt in Europa, USA, Kanada, Australien, Japan

Cover: Foto ©Paul-Georg Meister /pixelio.de

Weitere Bücher finden Sie auf **www.hansebooks.com**

Gedenke meiner!

Neujahrs=, Geburtstags=, Hochzeits=,
Stammbuchs=, Pathen=, Confirmations=,
Jubiläums= und Beileids=Gedichte

—für—

Schule und Haus,

—von—

H. Ruhland,

Chicago, Jlls.

1888.

Chicago.
Druck der Franz Gindele Printing Co., 140—146 Monroe=Straße.

Entered according to Act of Congress in the year 1888, by
H. RUHLAND, CHICAGO, ILLS.,
at the Office of the Librarian at Washington.

Inhalts-Verzeichniß.

Gedenke meiner!

Gedenke meiner in der Ferne,
  Zu der du wie auf Flügeln eilst!
Ich folge deinem guten Sterne
Und werde weilen, wo du weilst;
Ich reiche dir die Bruderhände
Und wärst du an der Welten Ende!

Gedenke meiner! Laß in Tagen
Der bösen wie der guten Zeit
Dein Herz mir treu entgegenschlagen,
So lang es schlägt in Freud und Leid!
Vertraue mir, geliebte Seele,
Wie ich auf deine Treue zähle!

Gedenke meiner im Gebete
Vor Gottes Throne Tag und Nacht!
Liegt im Gebet nicht eine stete,
Ganz unerforschte Wundermacht?
Wer könnte dem noch widerstreben,
Dem im Gebete Kraft gegeben?

Gedenke meiner, wie ich immer,
So lang' ich leb', gedenke dein!
Und blendet uns der falsche Flimmer
Der Welt und ihr verkehrter Schein,
So mahne uns, je mehr, je reiner,
Der Herzenswunsch: Gedenke meiner!

Gedenke meiner, wenn ich scheide
Von Allem, was die Erde beut!
Wenn ich die letzte Angst erleide,
Wenn Todesnoth mein Herz bedräut,
Wenn kleiner wird und immer kleiner
Mein Lebenslicht — „gedenke meiner!“

I.

Neujahrswünsche.

Zu Neujahr.

Helle läuten rings die Glocken
Mitternächtlich Schlag auf Schlag;
Folge fröhlich ihrem Locken
Nach des Jahres erstem Tag;
Liegt auch eine dichte Decke
Auf der neuen Wegestrecke,
Folge nur; vor Gottes Hand
Schwindet aller Widerstand.

Folge nur dem hellen Sterne
Bethlehems zum heilgen Christ,
Der so unbeschreiblich gerne
Dein getreuer Führer ist;
Vor dem Jesuskind geringe
Fall' aufs Angesicht und bringe
Ihm zum lieben neuen Jahr
Deines Glaubens Opfer dar.

Folg' dem holden Jesuskinde,
Das dich so unendlich liebt;
Und empfang' zum Angebinde,
Was es dir aus Gnaden giebt.
Sieh, mit seinen Gnadengaben
Sollst du Alles wieder haben,
Was durch Sünde ganz und gar
Dir genommen worden war.

Folge; haſt du Furcht und Grauen,
Wenn dich Gott ins Auge blickt
Und dich bittet, ihm zu trauen,
Ihm zu ſagen, was dich drückt?
Sieh, der Löwe, der ſchon lange
Dir zu gut den Kopf der Schlange
Wie ein Siegesheld zertrat,
Weiß noch heute guten Rath.

Folge darum gläubig wieder
Deinem Jeſus Schritt für Schritt;
Berg und Hügel auf und nieder
Trägt er deine Bürde mit;
Und iſt dieſes Jahr das letzte,
Das er deinem Leben ſetzte —
Oben feierſt du fürwahr
Ewig, ewig „Neues Jahr.“

Die Gattin an den Gatten.

Gott zum Gruße an der Schwelle
Einer Zeit, noch unbekannt!
Ueberschreite sie und stelle
Dich getrost in Gottes Hand.

Sieh, wie hat er hell erleuchtet
Deinen Pfad im alten Jahr,
Wenn die Stirn dir schweißbefeuchtet,
Wenn dein Auge trübe war!

Und wie nahm er jeden Schleier,
Der vor deinem Fuße hing,
Schnell hinweg, damit er freier
Seinem Ziel entgegenging!

Und wie durft ich gehn und eilen
Immer Hand in Hand mit dir,
Durfte deine Sorgen theilen,
Deine stillen Freuden hier!

Seh' ich all diese Dinge
Mit des Glaubens Augen an,
Dann bekenne ich und singe:
Das hat Gott der Herr gethan!

Er war allezeit dein Leiter,
Ließ dich seine Gnade schaun;
Seiner Führung kannst du weiter
Dich von Herzen anvertraun.

Der Gatte an die Gattin.

Noch hinter Wolken halb verborgen,
Doch Strahlen sendend mehr und mehr,
Begrüßt des neuen Jahres Morgen
Dich als ein Stern vom Himmel her.
　Das ist des lieben Gottes Grüßen
　Heut an des neuen Jahres Thor;
　Aus dieser Wunderquelle fließen
　Der Güter köstlichste hervor.

Gott will mit diesem Gruße sagen:
„Ich, der ich dich Jahr aus Jahr ein
Auf meinem Vaterarm getragen
Will ferner dein Beschützer sein;
　Verlasse dich auf meine Worte,
　Ich rede ewig, ewig wahr,
　Geh' nur im Glauben durch die Pforte
　Getrost hinein ins neue Jahr!"

Nun, treues Weib, du feste Stütze
In immer gleicher Herzensnäh',
Du süßer Trost, den ich besitze
In allem Leid und Erdenweh,
　Wir wollen gläubig weiterschreiten
　Und Hand in Hand zusammengehn,
　Bis wir dereinst nach Müh' und Streiten
　Die Herrlichkeit des Himmels sehn.

An die Eltern.

Aufgethan ist Thor und Thür
Zu dem neuen Jahre,
Und ich steh' und bitte hier,
Daß der Herr Euch für und für
Schütze und bewahre.

Hat er sich so wunderbar
Und so stark erwiesen
Ueber alles Hoffen gar
In dem letztvergangnen Jahr,
Hilft er auch in diesem.

Denn der Herr ist ewig reich,
Ewig voll Erbarmen.
Wer ihn ruft, den hilft er gleich,
Zu gewissem Fingerzeig
Allen Trostesarmen.

Lieber Gott, ich rufe dich
Heute in der Stille!
Stärke und behüte mich,
Daß ich gern und williglich
Kindespflicht erfülle!

Wundersüß ist Kindespflicht!
O, ich möcht' sie üben!
Aber ach, ich habe nicht
Eignen Willen, eignes Licht,
Eigne Kraft zum Lieben!

Darum gieb mir solches Gut
Deines Sohnes wegen,
Der aus ew'ger Liebesgluth
Sich mit meiner Schuld belud,
Mir zu Heil und Segen!

An die Eltern.

In Gottes Namen will ich nun
    Das neue Jahr betreten
Und frisch bei allen meinem Thun
Für Euch, Geliebte, beten;
Dann bringt's der Herr, ich bin's gewiß,
Troß tausendfachem Hinderniß
Im Schutze seiner Gnadenhände
Zu Eurem Heil zum guten Ende.

Schau ich im Geist, so weit ich kann,
Zurück nach fernen Tagen,
Wie Ihr von erster Stunde an
In Liebe mich getragen,
Oft unter Sorgen mancher Art,
Bis ich erstarkt und größer ward,
So kann ich heut aus Kindespflichten
Des Dankens nicht genug verrichten.

Von Lob und Danken möchte gleich
Der Mund mir überfließen
Und meine Liebe, voll und reich
In Euer Herz sich gießen.
Behüt Euch Gott! Behüt Euch Gott!
Bis in den Tod, bis in den Tod
Sollt Ihr, hilft Jesus mir, erfahren,
Ich will ein dankbar Herz bewahren.

Ich will, wenn Gott das Leben giebt,
Nach Kräften und Vermögen
Die, welche mich so sehr geliebt,
Im Alter einst verpflegen;
Das walte Gott! Das walte Gott!
Es werde nicht zu Schand und Spott
Was ich als Glaub= und Liebesprobe
Jetzt feierlich vor ihm gelobe.

An die Eltern.

Ein neues Jahr steht vor der Thür
　　Und neue Gnad' und Güte;
O, daß der Herr Euch für und für
Mit seiner Gnade hüte!

O, daß er, liebe Eltern, Euch
Noch lange mir erhalte,
Und über Eurem Leben reich
Mit seinem Segen walte!

Wohl hattet Ihr im alten Jahr
Oft Mühen und Beschwerden,
Wie sie dem Christen immerdar
Von Gott beschieden werden;

Doch war nicht stets ein Helfer dort,
Daß er Euch wohl bewahre?
Wohlan Geliebte, dieser Hort
Hilft auch im neuen Jahre.

Das ist das liebe Jesuskind,
Der Held aus Juda's Stamme,
Bei dem wir wohl geborgen sind
Vor Tod und Höllenflamme.

Den wollen wir im neuen Jahr
Zum alten Führer wählen,
So wird in Nöthen und Gefahr
Uns nimmer Hülfe fehlen.

An die Eltern.

Glück auf! Glück auf! Ich wünsche Euch
  So recht aus Herzensgrunde
Ein neues Jahr, an Segen reich
Bis auf die letzte Stunde.
Wie früher, zieh' in's Elternhaus
Der Friede ein, die Sorge aus,
Und Jesus sei im Bunde.

Wie hat mein Herz zu diesem Tag
So lange froh geschlagen,
Denn mit erhöhtem Klang und Schlag
Will's ja von neuem sagen,
Daß ich aus Gottes Worte weiß,
Ich soll zu Gottes Ehr und Preis
Euch treu im Herzen tragen.

Das will ich denn, so viel ich kann
Im neuen Jahr vollbringen,
Gott sehe meinen Vorsatz an
Und lasse ihn gelingen;
Das liebe, selige Gebot:
„Die Eltern ehre bis zum Tod,"
Soll all mein Thun bedingen.

An die Eltern.

Liebe Eltern, heute laßt
　　Euch besonders sagen,
Wen ich in's Gebet gefaßt
Und vor Gott getragen.
Schaut in meine Augen mal!
Seht, da könnt Ihr lesen:
Ihr seid Gottes Gnadenstrahl
Vorgestellt gewesen.

Als des alten Jahres Lauf
Feierlich geendet,
Hab' ich mich zum Himmel auf
Jesum zugewendet;
Denn der liebe Gott erklärt
In dem Buch des Lebens:
Wer durch Jesum Heil begehrt,
Bittet nicht vergebens.

Darauf hab' ich im Gebet
Mich vor Gott berufen,
Darauf hin getrost gefleht
Vor des Thrones Stufen;
Und ich glaub' und zweifle nicht,
Unser Gott wird's walten,
Was er durch sein Wort verspricht,
Ei, das wird er halten.

Seht, der Herr im Vaterhaus
Hält die Hand schon offen;
Nehmet hin den Blüthenstrauß
Glaube, Liebe, Hoffen;
Glaube bleibe Euer Stern,
Liebe Euer Streben,
Und im Hoffen auf den Herrn
Schließe Euer Leben.

An die Eltern.

Jung und Alt und Klein und Groß
  Wünschen sich das Beste heute
Aus dem goldgefüllten Schoß
Reiner, ungetrübter Freude —
Und ich sollte ganz allein
Ohne alle Wünsche sein?

Nimmermehr! Das geht nicht an!
Ich, Geliebte, muß vollbringen,
Was ich gar nicht lassen kann,
Muß ein Lob= und Danklied singen,
Daß Euch Gottes Lieb und Gnad
Mir bis heut erhalten hat;

Daß Ihr bis auf diesen Tag
Unter seinem Schutz geblieben,
Ob Euch mancher herbe Schlag
Auch in Sorg und Noth getrieben,
Daß Ihr dennoch fröhlich sagt:
„Gott hat Alles wohl gemacht.“

Und das wird er ferner thun
Allen, die auf ihn vertrauen,
Die in Jesu Wunden ruh'n
Und auf Jesu Wege schauen;
Gottes ew'ger Lebensquell
Offenbart das klar und hell.

Darum tretet unverzagt
In des neuen Jahres Wende;
Jesus, der die Wahrheit sagt,
Bringt's gewiß zum guten Ende;
Und der hilft auch gnädig mir
Euch zu lieben für und für.

An ein befreundetes Ehepaar.

Hell klingen die metall'nen Wände
　　Der Glocken durch die Winterluft;
Das alte Jahr ist nun zu Ende
Und legt sich in die stille Gruft,
Doch ehe es in Schlummer fällt,
Ruft's aus: „Gott segne dich, du Welt!"

Und dieser Gruß des alten Jahres
Bewegte mir das Herz so tief,
Als ob von Stufen des Altares
Ein Engel mir entgegenrief:
Gott segne dich! Gott segne dich!
Zum neuen Jahr — Gott segne dich!

Was könnt' ich darum besf'res wollen,
Als daß der Segen, Tag für Tag,
Wie er im Paradies entquollen
Auch dir in Fülle fließen mag;
Drum ruf ich aus: Gott segne dich,
Du liebes Paar! Gott segne dich!

Durch Freud und Leid im stillen Kreise
Des eignen Hauses fort und fort
Sei der allmächtige, allweise
Barmherz'ge Gott dein Fels und Hort.
Gott segne dich! Gott segne dich,
Du liebes Paar! Gott segne dich!

Einem Freunde.

Das Jahr ist vergangen,
  Und manche Nacht
Hast du mit Bangen
Drin zugebracht.

Oft waren die Betten
Der Kinder dein
Nur Trauerstätten
Von Schmerz und Pein.

Da hast du um Stärke
Und Hülfe gefleht
Zu des Arztes Werke
Im heißen Gebet;

Hast die Hände gehoben
Zu Gott empor —
Und siehe, da oben
Gott lieh sein Ohr.

Die Kinder nahmen
Bald wieder zu;
Und die Eltern kamen
Zu Freud und Ruh.

So traue auf's neue
Voll Glaubensmuth
Der Kraft und der Treue,
Die Wunder thut.

Was kommende Zeiten
An neuer Noth
Dir mögen bereiten —
Vertraue es Gott.

Wie baldig auf Erden
Schließt's Leben den Lauf;
Dann hören Beschwerden
Und Kümmerniß auf.

Einem Freunde.

Noch in jugendlicher Kraft
Stehst du auf des Jahres Schwelle,
Tritt hinüber! Gott verschafft
Auch im neuen Jahre Helle.
Vorwärts auf der steilen Bahn
Vieler Dornen, schwerer Pflichten!
Jesus selber geht voran;
Jesus hilft dein Werk verrichten.

Mögen auch die Wetter wohl,
Wie im alten Jahr zu Zeiten,
Unheil kündend, dumpf und hohl
Sich am Firmament verbreiten;
Ihre Schrecken fliehen bald,
Und zu neuem Jubelfeste
Ruft der Sonne Lichtgestalt
Dennoch wieder ihre Gäste.

Wenn an deinem Firmament
Sich der Sonne Licht verdunkelt
Und durch Wolkenflor getrennt,
Nicht auf dich herniederfunkelt;
Wanke nicht, mein Kamerad,
Stehe fest auf rechter Stelle;
Bald beleuchtet deinen Pfad
Wieder die gewohnte Helle.

Einem Freunde.

Du zogest noch im alten Jahr
　In eine neue Wohnung ein;
O, mög' auch hierin immerdar
Das Jesuskind dein Schützer sein;
Sein Segen bleibe dir erhalten
Im neuen Jahre wie im alten.

Nun stehet vor dem neuen Haus
Ein neues Jahr und klopfet an
Und bringt dir einen Blüthenstrauß
So schön wie er nur duften kann,
Den nimm und habe deine Freude
An seinem bunten Farbenkleide.

Als Erstes, eine Königin,
Der Menschen höchstes Erdengut,
Gesundheit schlummert hold darin
Und lächelt wie aus Milch und Blut;
Gott rüste dich durch ihre Stärke
Zu deines Amtes schwerem Werke.

Was sonst das Sträußchen noch enthält,
Du wirst es selbst entdecken schon;
Es lautet, kürzlich vorgestellt:
Der Herr sei allezeit dein Lohn
Und lasse freundlich auf die deinen
Sein gnadenreiches Antlitz scheinen.

Einem Collegen.

So viel Haar in deinem Bart
   Schützend dein Gesicht umgeben,
Mögen Jahre jeder Art
Segnend auf dich niederschweben;
Immer sei ein Mann am Platz,
Stark und muthig zum Gefechte
Für den anvertrauten Schatz
Ernster Pflichten, heilger Rechte.

Lasse dich der treue Gott
Noch viel Kindlein unterweisen,
Durch das rechte Lebensbrod
Noch viel matte Seelen speisen;
Lehre er auch immer mehr
Uns, einander recht verstehen,
Daß wir, nur zu seiner Ehr,
Einig unsre Wege gehen.

Nur hinein, ob auf und ab
Auch die neuen Wege führen;
Ob vor Zeiten in das Grab,
Ob durch neue Jahresthüren —
Eins ist wahr; vernimm es jetzt:
Reicht der Herr uns seine Hände,
Sieh, dann kommen wir zuletzt
Doch zu einem sel'gen Ende.

Einem Collegen.

Als heut im Often flammte
Der Sonne glühend Erz,
Da kam das altentstammte
„Glück auf" mir in das Herz;
Ich konnt' es nicht behalten,
Ich ließ ihm seinen Lauf —
Gott laß es segnend walten:
Glück auf, mein Freund! Glück auf!

Schlag ein auf deutsche Weise,
Hier biet ich meine Hand;
Wir pilgern ja die Reise
Gemeinsam durch das Land;
Wir steh'n in einem Werke:
Im Werk des Herrn vereint;
Wir brauchen eine Stärke,
Ein Licht, das uns bescheint.

Da ziemt sich wohl die Sitte
Aus guter alter Zeit,
Der Wunsch aus Herzens Mitte:
„Glück auf, zu Kampf und Streit!"
Mit uns im engen Bunde
Ist Jesus ganz und gar
Und hilft zu rechter Stunde —
„Glück auf zum neuen Jahr!"

Einem Collegen.

Auf des Berges höchstem Rücken
Steht ein Wand'rer, matt und müd;
Seine Augen überblicken
Das durchwanderte Gebiet:
Berg und Thal und öde Strecken
Hat sein Fuß zurückgelegt,
Freud und Hoffnung, Angst und Schrecken
Haben oft sein Herz bewegt.

Oft vorbei an tiefen Schlünden
Führte ihn der schmale Weg,
Oefter mußt' er kaum zu finden
Ueber Fluthen einen Steg;
Aber, wenn ihn Angst zu tödten,
Schrecken weh zu thun begann,
Rief er in den höchsten Nöthen
Einen starken Führer an.

Und der wurde seine Stütze,
Daß sein müder Fuß nicht wankt,
Bis er auf des Berges Spitze
Ohne Schaden angelangt;
Führet nun sein Weg auch wieder
Weiter, in die Ferne weit —
Neuer Muth belebt die Glieder,
Denn der Führer steht bereit.

So, mein freundlicher College,
Ist es auch mit dir bestellt;
Du bist auch auf diesem Wege
Durch das Jammerthal der Welt;
Aber auch an deiner Seite
Geht ein Führer: Jesus Christ,
Und der schütze dich und leite,
Bis du ganz am Ziele bist.

II.

Geburtstagswünsche.

An den Vater.

O, welch' ein Tag der Freude,
, O, welch' ein Tag der Lust,
Ist dieser Tag mir heute!
Wie klopft's in meiner Brust!
Ich fühle mich getragen
Zu Gottes Throne hin;
Ich kann es Keinem sagen,
Wie ich so glücklich bin!

Komm an mein Herz, du treuer,
Du guter Vater! Sieh,
Ich will mit Liebesfeuer
Gott danken, spät und früh,
Daß er dich uns erhalten
Bis auf den heut'gen Tag
Und deiner Hände Walten
Gesegnet vor wie nach.

Gott sende Engelschaaren
Auch ferner vor dir her,
Daß sie dich wohl bewahren
Auf wildem Lebensmeer.
Dem, welchen Engel schützen,
Wem sie zur Seite steh'n,
Soll mitten unter Blitzen
Gewiß kein Leid gescheh'n.

O, mög' es Gott gefallen,
O, sei es uns bescheert,
Daß dieser Tag uns Allen
Noch häufig wiederkehrt;
Ich möcht' noch lang im Leben
Dir meine Liebe weih'n,
Noch lange mich bestreben
Dein liebes Kind zu sein.

An den Vater.

Vor Freude überglücklich schier,
　　Mit Danken und mit Beten
Bin ich, du lieber Papa, hier
Frei vor dich hingetreten,
Damit ich dir aus Herzenstiefe
Ein „Grüß dich Gott" entgegenriefe.

Heut ist ja dein Geburtstagsfest;
Und, der die Welt bereitet,
Der Sonn' und Sterne scheinen läßt
Und ihre Bahnen leitet,
Der leitete, nach seinem Rathe,
Auch dich auf deinem Lebenspfade.

Und dafür dank ich ihm so gern
Und bitt', er möge weiter
Dir leuchten lassen seinen Stern
Als treulichen Begleiter,
Und uns noch viele Jahreswenden
Die Freude dieses Festes spenden.

Ihm sei es Alles heimgestellt,
Er kann es wohl erfüllen,
Er thue, was ihm wohlgefällt
Um Jesu Christi willen;
Er wird dich führen, schützen, tragen
Gewisser, wie es Worte sagen.

Mir aber helfe mehr und mehr
Die Kraft aus Gottes Geiste,
Daß ich dir besser wie bisher
Die schuld'ge Ehrfurcht leiste
Und recht erkenne, welche Gabe
Ich an getreuen Eltern habe.

An den Vater.

Gern möcht' ich dir ein Wörtchen sagen
   Der Freude, die ich hege;
Ich hab's mit mir herumgetragen
   Und laß' ihm nun die Wege.
Das Wörtchen, das ich biete hier
Es heißt: „Ich gratulire dir!"

So nimm es gütig denn entgegen,
   Es kommt aus reinem Triebe,
Es wünscht dir Gottes reichen Segen
   Und bietet Treu und Liebe
Und alles, was ein Kind begehrt,
Das seinen Vater herzlich ehrt.

Gott gebe, daß wir manches Mal
   Noch diesen Tag begehen,
Und einst nach Gottes ew'ger Wahl
   Vor seinem Throne stehen;
Da feiern wir Geburtstag dann
Viel schöner, wie wir's hier gethan.

An die Mutter.

Du treue Mutterliebe,
  Die, seit ich denken kann,
Aus reinstem Herzenstriebe
Nur Gutes mir gethan;
Die, seit ich einst geboren,
Was Liebe nur erdenkt
Aus Liebe mir erkoren
Und Tag für Tag geschenkt —

Wo soll ich Worte finden
Des Dankes, tief gehegt,
Und dir so recht verkünden,
Was mir das Herz bewegt?
Das läßt sich nicht beschreiben,
Sieh, das bekenn' ich heut —
Gott helfe mir, zu bleiben
Nur deines Herzens Freud.

Heut, wo dir einst das Leben
Der treue Gott bescheert,
Will sich mein Herz bestreben,
Daß es dich höher ehrt;
Daß es vor allen Dingen
Dir mehr Gehorsam beut,
Mehr lernt, sich zu bezwingen,
Als in vergang'ner Zeit.

Der liebe Jesus leihe
Mir seines Geistes Kraft,
Daß solches Werk gedeihe
Und ew'ge Früchte schafft;
Er wolle mir bescheiden
Das hohe Lebensglück,
Noch lange mich zu weiden
An deines Auges Blick.

An die Mutter.

Liebe Mutter! Heut empfange
Als das Erste, Gott zum Gruß;
Grüß dich Gott! und neu erlange
Seines Segens Ueberfluß!
Heute einst erhieltest du
Licht und Lebenskraft dazu,
Und darüber hab ich heute
Unbeschreiblich große Freude.

Ja, daß Gott seit jenem Tage
Dich so treu behütet hat
Und mit jedem Herzensschlage
Dir so vieles Gute that,
Fordert, daß ich Lob und Dank
Ihm erzeige lebenslang;
Und ein solches Dankeszeichen
Will ich ihm von neuem reichen.

Und ich will es dadurch zeigen,
Daß ich dir gehorsam bin
Und mich immer mehr zu eigen
Gebe meinem Jesus hin;
Werd' ich dann zum Guten matt,
Er giebt Stärke, voll und satt,
Daß ich dich nach seiner Lehre,
Wie er's fordert, lieb' und ehre.

O, wie will ich einst genießen
Jene Freude, hell und licht,
Dir dein Alter zu versüßen
Aus dem Schrein der Kindespflicht;
Gott, dem Nichts unmöglich ist,
Möge deiner Lebensfrist
Mir zum Heil und ihm zu Ehren
Noch das fernste Ziel gewähren.

An den Onkel.

———

Viel wollte ich sagen
   Zum festlichen Gruß,
Doch Bangen und Zagen
Bringt's nimmer in Fluß.

Die Worte im Munde
Zum Sprechen bereit —
Sie liegen im Grunde
Des Herzens zerstreut.

Nur eines von Allen
Das klingt mir im Ohr
Und möchte erschallen
Aus der Tiefe hervor.

Ich will es dir geben
So gut ich es hab':
„Gott bleibe im Leben
„Dein Stecken und Stab."

Zum Geburtstage eines Onkels.

Aus weiter Ferne kommt mein Wunsch gegangen;
Schnell, lieber guter Onkel, öffne leis
Und lasse ihn durch deine Thür gelangen
Und dir bekennen Alles, was er weiß!

Er wird dir sagen, daß ich dein gedenke,
Ob uns auch weite, weite Ferne trennt,
Und heut besonders meine Schritte lenke
Zum Vater, der mein Flehn und Seufzen kennt.

Der schließe dich in seine Vaterhände,
So lange du auf dieser Erde weilst,
Bis du nach einem sel'gen Lebensende
Die Wonne aller Auserwählten theilst.

Zum Geburtstage einer Tante.

Jeder Tag im alten Jahre
　Hat dir Leid und Freud' gebracht;
Dunkle Stunden, helle, klare
Wechselten wie Tag und Nacht.

Aber, ob auch Leid und Freude
Sich alltäglich stellten ein —
Heute, liebe Tante, heute
Herrschet Freude nur allein.

Heute, liebe Tante, schließe
Ich dich in die Arme fest
Und entbiete Kuß und Grüße
Fröhlich zum Geburtstagsfest.

Und die Wünsche, die ich habe —
Gott im Himmel segne sie,
Daß aus ihnen dir die Gabe
Ew'ger Seligkeit erblüh'.

An die Tante.

Reichen Segen, liebe Tante,
Zum Geburtstag wünsch' ich dir,
Und des Himmels Abgesandte,
Gottes liebe Engel hier;
Denn in deren Schutz und Nähe
Giebt es weder Angst noch Wehe.

Leib und Seele sind geborgen
Unter ihrer starken Wacht;
Abends spät und früh am Morgen,
Ueberall, bei Tag und Nacht
Eilen sie, die heil'gen Pflichten
Ihres Amtes zu verrichten.

O, und ihrem Schutze eben
Wider jegliche Gefahr
Hab' ich dich anheimgegeben
Auch für dieses Lebensjahr
Und für jedes, das auf Erden
Dir noch mag beschieden werden.

An den Bruder.

Zu den Jahren, die dich drücken,
    Daß dir oft ein Rippchen knackt,
Ist auf deinen guten Rücken
Wiederum ein Jahr gepackt;
Aber sieh', gleich einem Sterne
Winkt schon eine neue Frist,
Immer dir zu Dienste gerne,
Bis auch sie vergangen ist.

Nimm das neue Jahr und freue
Dich des Gebers, der es schenkt;
Gottes Lieb' und Vatertreue,
Die bis heute dich gelenkt,
Bleibet dir, wohin du schreitest,
Wenn du kindlich ihr vertraust
Und in Kämpfen, die du streitest,
Nur auf ihre Hülfe baust.

Gott behüte dich und schütze,
Daß du nimmer dich verirrst
Und den Eltern eine Stütze
Einst in ihrem Alter wirst;
Die Gedanken, die du heute
Faßtest für das Elternhaus,
Führe nur mit Gott zur Freude
Aller lieben Engel aus.

An den Bruder.

Blumen und Blätter, gewunden zum Kranz
   Kann ich dir leider nicht reichen,
Aber, umleuchtet von festlichem Glanz,
Bringe ich dennoch ein Zeichen:
Worte gewunden zum Jubelgedicht,
Herzlich und schwesterlich, grade und schlicht.

Greife, lieb Brüderchen, greife nur zu,
Laß sie dir immer gefallen,
Heute im Hause der König bist du,
Wirst ja gefeiert von Allen;
Wünsche und Gaben in stattlicher Zahl
Schließen dich ein und erschweren die Wahl.

Höre denn, Brüderchen, höre zuerst,
Was ich dir habe zu sagen,
Höre die Wünsche, mit denen du fährst
Sanft, wie auf Flügeln getragen:
Wachse und reife an Körper und Geist,
Zeige den Eltern, was Liebe erweist.

Lerne und gehe in's Leben hinein,
Tüchtig an Können und Wissen,
Aber im Herzen sei lauter und rein,
Bleibe dem Herren beflissen,
Bis du geleitet nach göttlichem Rath
Erntest die Früchte der himmlischen Saat.

An die Schwester.

Heut über deinem Angesicht,
  Liegt Freude unverschleiert,
Und klar aus deinen Augen spricht:
Geburtstag wird gefeiert.

Und in denselben Augen steht,
Statt jeglicher Beweise,
Daß man den Deinigen begeht
In uns'res Hauses Kreise.

Wohl, Schwester, so gestatte auch,
Daß ich zunächst entbiete
Nach alter Sitte, frommen Brauch
Ein herzlich „Gott behüte“.

Ja, Gott behüte dich und sei
Die Leuchte deiner Füße,
Die Sonne, die vom Himmel frei
Dir sendet ihre Grüße.

So lang' dir diese Sonne lacht
Hat's keine Noth auf Erden;
O, laß sie nimmer durch die Nacht
Der Welt vertrieben werden.

An den Großvater.

O Großpapa, was steh' ich heute
Vor deinem grauen Haupte so
Bewegt von heller Festesfreude?
Was macht uns allesammt so froh?

Heut' schenkte dir der Herr in Ehren
Nochmal ein neues Lebensjahr,
Und wollte dir damit erklären,
Wie gnädig er gesonnen war.

Heut' leuchtet dir von neuem wieder
Die Sonne der Barmherzigkeit
Aus himmlischen Gefilden nieder
Und strahlt und leuchtet fernerweit.

Heut' will auch ich dir neu geloben,
Dein liebes Enkelkind zu sein;
Und dazu wird der Herr von oben
Mir neue Lust und Kraft verleih'n.

Heut' will ich mein Gebet erneuern
Zum lieben Gott im Himmelszelt,
Daß er noch lange unsern theuern,
Geliebten Großpapa erhält.

An die Großmutter.

So ließ der Herr den Ehrentag dir werden,
  Du durftest heut ein neues Jahr erreichen.
O, theure Ahne, welch ein sichtlich Zeichen
Der Gnadenführung Gottes hier auf Erden!

Durch Kreuz und Leiden, Mühen und Beschwerden,
Durch tief bewegte Zeiten ohne Gleichen,
Durch Sturm und Drang und Stürzen starker Eichen
Hob dich der Herr und ließ dich Nichts gefährden.

O, welch ein Leben, welch ein reiches Leben
Zum großen Segen all der lieben Deinen,
Die heut gleich einem Kranze dich umgeben,

Um sich mit mir zur Bitte zu vereinen,
Daß Gottes Engel ferner dich umschweben
Und milde dir den Abendweg bescheinen!

An die Großmutter.

Ich kann es nicht lassen,
  Lieb' Großmütterlein,
Dich fest zu umfassen:
Du mein, ich dein!

Du mußt es ja wissen
Geburtstag ist heut',
D'rum muß ich dich küssen
Ganz ungescheut.

D'rum muß ich dir blicken
In's Augenpaar
Und neu mich entzücken
Am Glanze klar.

„O Jesu, erhalte
Mein Großmütterlein,
Und über ihr walte
Mit Gnade allein!"

„Leg gnädig an Jahren
Noch etliche zu,
Und laß sie erfahren
Einst selige Ruh!"

Einem Collegen.

Du tratest heut mit .... Jahren,
In eine neue Lebenszeit;
Was in der alten du erfahren,
Nimm durch die neue als Geleit;
Nur Gottes unverdiente Treue
Erfuhrest du ja fort und fort;
Wohlan, sie leite dich auf's Neue
Dem Ziele zu von Ort zu Ort.

Und will der Weg oft dunkel werden,
Und drückt dich deines Amtes Last —
O, denk' in Mühen und Beschwerden,
Welch' treuen, treuen Gott du hast;
Er, der sein Liebstes nicht verschonet
Zu Liebe einer ganzen Welt,
Läßt auch dein Werk nicht unbelohnet,
Wenn sich's nur fest auf Christum stellt.

O, denke nur, wie soll ein Lehrer,
Der treu im Amt erfunden ward,
Einst glänzen hell im Kreise Derer,
Die sich um Gottes Thron geschaart;
Darum, mein Freund, wenn Felsen wanken
Und zittern machen Fleisch und Blut —
Nach oben schau, und im Gedanken
An Gottes Treue, fasse Muth.

Einem musikalischen Freunde.

Gott erhalte dir dein Spiel
    Und des Geistes Kräfte auch
Bis zum fernsten Lebensziel
Zum gesegneten Gebrauch;
Aus dem Reich der Melodien
Lasse noch in manches Herz
Trost und Himmelsfrieden ziehen
Wider allen Erdenschmerz.

Welcher Zauber, welche Macht
In Musik verborgen liegt,
Wenn des Kummers schwarze Nacht
Ein Gemüth zu Boden biegt,
Hat wohl Niemand mehr empfunden
Als der Wartburg stiller Gast,
Als er dort so manche Stunden
Seufzte unter Bergeslast.

Alles Irdische vergeht
Dermaleinst nach Gottes Wort,
Aber die Musik besteht
Ewiglich im Himmel fort;
Pflege deine Gottesgabe
Bis du einst vor Gottes Thron —
Auferstanden aus dem Grabe —
Singst im ew'gen Jubelton.

Einem Freunde.

Nicht Silber, Gold und alle solche Dinge,
  Die reiche Leute sich zu schenken pflegen
Vermag ich heute vor dich hinzulegen;
Nur Worte hab ich, äußerlich geringe,

Womit ich dich im Geiste fest umschlinge,
Von Herzen wünschend Gottes reichsten Segen
Zu Allem, was du thust auf seinen Wegen,
Ob's Ehre, oder Schmach vor Menschen bringe.

Ja, Gott der Herr, der dich im letzten Jahre
Aus mancher Noth erlöst zu seiner Ehre,
Regiere, leite, schütze und bewahre

Dich fernerhin durch seine Engelheere,
Und helfe gnädig, daß dein Herz erfahre
Noch immer mehr den Trost der reinen Lehre.

Zum Geburtstage eines Freundes.

Wenn aus dem Ocean der Zeiten
  Geburtstag uns entgegentritt,
Das ist — es läßt sich nicht bestreiten —
Gewiß ein ernster Lebensschritt;
Da stehen wir mit einem Schlage
Von neuem vor der großen Frage:
Wer war seit erster Lebensstunde
Mit uns im treusten Liebesbunde?

Wer nahm uns unter seine Flügel,
Wie eine Henne ihre Brut?
Wer schenkte durch der Taufe Siegel
Uns einen frohen Glaubensmuth?
Wer ließ uns durch das Wort bereiten,
Durch Engel schützen und begleiten,
Daß keiner unf'rer matten Füße
An einen Stein im Wege stieße?

Fürwahr, wir müssen neu bekennen:
Es war der Herr, der Alles that,
Der Herr, den alle Frommen nennen
Ein unergründlich Meer der Gnad;
Es war der Herr, der uns erhalten,
Wenn uns der Sünde Schreckgestalten,
Die Donner, die von Horeb rollten,
Schier in Verzweiflung stürzen wollten.

Auch du kannst heute fröhlich sagen:
Es ist der Herr, der Wunder thut,
Der mich geleitet und getragen
Bis hieher in getreuer Hut.
Ich will ihn loben, will ihn preisen,
Ihn bitten, gnädig mir zu weisen
Auch fernerhin nach seinem Rathe
Des Glaubens wundersel'ge Pfade.

Und dieser Wunsch ist auch der meine;
Aus tiefstem Herzen kommt er mir.
O, daß dir Gottes Gnade scheine
Bis an des Paradieses Thür!
In Gottes treue Vaterhände
Kannst du den Anfang und das Ende
Getrost von neuem niederlegen,
Er führt's hinaus zu deinem Segen.

An einen Freund.

Wohl zogen in vergang'nen Tagen
   Gewitterwolken drohend schwer,
Gleich ungelösten bangen Fragen,
Dicht über Ihrem Haupte her.
„Was wird die nächste Zukunft bringen?"
Das drängte und bewegte Sie
Und ließ Ihr stilles Seufzen dringen
Zum Himmel aufwärts spät und früh.

Doch siehe, durch der Wolken Schleier
Drang Ihr Gebet zu Gottes Ohr;
Die Schatten flohen, frei und freier
Stieg Sonne wieder hoch empor
Und übergoldete mit Segen
Von neuem Ihre Lebensbahn,
So daß sich Ihre Lippen regen
Und sprechen: „Das hat Gott gethan!"

Wohlan, der Herr, auf den Sie hoffen,
Sei Ihnen nahe früh und spät
Im Jahre, das nun wieder offen
Vor Ihres Geistes Augen steht;
Ob's frohe Tage oder trübe
Im Wechsel für Sie bringen mag;
Sie wissen, aus der Hand der Liebe
Ist jeder Tag ein Segenstag.

Einem Freunde.

Wie rastlos trägt auf Windesschwingen
      Die Zeit ein Lebensjahr vorbei;
Die Tage fliegen, Monden dringen
Herzu und folgen, Reih auf Reih,
Und endlich ist zu Grab getragen
Der letzte Tag, die letzte Nacht,
Doch nur ein Christ kann fröhlich sagen:
Ich hab's mit meinem Gott vollbracht.

So steht es auch mit Ihnen heute.
Ein Jahr, das kaum begonnen hat,
Fiel jener flücht'gen Zeit zur Beute,
Ein neues kam an seine Statt;
Sie aber jubeln: Sei's vergangen,
Der liebe Gott hat's wohlgemacht;
Ich hab's mit Jesum angefangen,
Ich hab's mit meinem Gott vollbracht.

Ich hab's aus Gottes Hand genommen,
Und was mir seine Güte giebt,
Das dient zu meinem Nutz und Frommen,
Ob's Freude wirket oder trübt;
Ich kann's ein Jahr der Gnade nennen,
Denn gnädig hat mich Gott bewacht,
Und darum kann ich froh bekennen:
Ich hab's mit meinem Gott vollbracht.

O, wohl, Sie lieber Kreuzesträger,
Vertrau'n Sie ferner diesem Hort;
Der sei Ihr Schützer, Schirmer, Pfleger,
Ihr Gnadenspender fort und fort,
Bis Sie dereinst zum Throne wallen
Der höchsten Majestät und Macht
Und jauchzend mit den Engeln lallen:
Ich hab's mit meinem Gott vollbracht.

Einem Freunde zum Geburtstage.

O daß mir heute in die Feder flössen
Die Worte, die in meinem Herzen quellen,
Damit sie sich in Ihre Seel ergössen,
Wie eines Baches sanfte, klare Wellen!

Ich will's versuchen, mög' es mir gelingen.
Ich will Sie mahnen jetzt an Tag und Stunde,
In der Sie einst in dieses Leben gingen
Mit Freud' und Leid im wechselvollen Bunde.

Und welch' ein Leben ist dahin gegangen!
Im fernen Vaterlande auferzogen,
Trieb Sie hinaus schon frühe ein Verlangen
Gen Westen über blaue Meereswogen.

Und Jesus war Ihr treuer Schiffsgefährte.
Sie landeten am gastlichen Gestade
Der neuen Heimath uns'rer großen Erde
Und gingen dort auf Wegen süßer Gnade.

Bald durften Sie das sel'ge Amt ergreifen,
Das armen Sündern die Versöhnung predigt
Und sah'n im Lauf der Jahre Früchte reifen,
Die alle Ihre Mühe reich entschädigt.

Ja, Gottes Segen schwebte über Ihnen
Und läßt auch heute seine Strahlen blicken;
O, möge das zu Ihrem Troste dienen,
Wenn Ihre Seele bange Sorgen drücken.

Und nun, zum Fest ein fröhlich „Gott behüte"!
Der Freundlichkeit des Bischofs uns'rer Seelen
Und seiner unermess'nen Gnad' und Güte
Will ich Sie ferner herzlich anbefehlen.

An einen Freund.

Mit Blüthen, die im Garten sprießen,
Dem Auge zu Genuß und Freud',
Wollt' ich so gerne dich begrüßen
Zu deinem Wiegenfeste heut;
Doch auf des Winters öden Fluren
Schaut ich vergebens danach aus,
Kein Blättchen zeigte mir die Spuren
Auch nur zum kleinsten Blumenstrauß.

Verzagend schaut' ich vor mir nieder —
Da, wie im Fluge, fiel mir ein,
Es möchten wohl am „Parnaß" wieder
Ein Paar vergeff'ne Blümchen sein.
Schnell klomm ich auf und sah von Ferne
Vergißmeinnicht am Wege steh'n,
Als blinkten liebe Hoffnungssterne,
Noch einmal vor dem Untergeh'n.

Und schon nach einer kleinen Weile,
War ich zur Stelle vorgerückt
Und hatte bald in froher Eile
Ein Sträußchen für dich abgepflückt;
Das möchte ich dir überreichen —
Wenn's deine Güte nicht verschmäht —
Als ein geringes Liebeszeichen,
Grad wie mir's aus dem Herzen geht.

Der liebe Herr, der starke, treue,
Auf dem dein Hoffen steht allein,
Der möge wiederum auf's neue
Dein Hort, dein Schutz und Schirmer sein;
Er rüste dich mit Kraft von oben
Zu deinem Amte, wie bisher
Zum Kampfe gegen Satans Toben
Und sein gewaltig Streiterheer.

Noch lange schall' aus deinem Munde
Die reine, laut're Lehre hier
Und öff'ne zu dem Gnadenbunde
Nach mancher Seele Thor und Thür;
Der, welcher einstens laut verkündet:
„Mein Wort kehrt nimmer leer zurück",
Hilft sicher, daß es Boden findet
Auch hier auf diesem Ackerstück.

Und ist nicht, daß wir solches wissen
Ein wunderbarer, starker Trost
In Nöthen und in Kümmernissen,
In Zeiten, wenn die Brandung tost?
O, darum will den Herrn ich bitten
Heut, heut an deinem Wiegenfest,
Daß dieser starke Trost inmitten
Der größten Noth dich nicht verläßt.

Zum Geburtstage eines Freundes.

Der vierte der Monden, so launig er ist,
  Hat dennoch so freundliche Saiten,
Daß einer beim Klingen derselben vergißt
  Des Neckenden Scherzen und Streiten;
Wer grübelt auch über vergangenen Harm —
Und wär er noch schlimmer geworden —
Beim Grüßen der Sonne vom Himmel so warm,
Beim Singen aus tausend Accorden?

Ein Künder des wonnigen Lenzes ist doch
Der Monat, in dem Sie geboren;
Er ist es, in welchem noch immer das Joch
Des Winters sich mählich verloren.
Das höchste der Feste erinnert an ihn:
„Der Herr ist wahrhaftig erstanden!"
Der Frühling bekleidet die Erde mit Grün
Und windet ihr Strauß und Guirlanden.

Das thut er zur Feier des Tages auch heut;
Er kennt ja die Liste der Namen
Der Kinder, die unter Gesang und Geläut
Ins irdische „Stelldichein" kamen;
Zu jenen Beglückten gehören Sie auch,
D'rum muß er des Tages gedenken
Und Ihnen, nach altem und löblichen Brauch,
Ein kleines Vergißmeinnicht schenken.

Und weil er die Nachricht gar treulich und schlicht
Weit plauderte über die Grenze,
So hab' ich's erfahren und zauderte nicht
Zu winden den kleinsten der Kränze;
Er wurde zur fröhlichen Feier allhier
Von Händen der Liebe gewunden
Und sollte — das glauben Sie Glücklicher mir —
Mein innerstes Fühlen bekunden.

O, möge sich Ihnen der heutige Tag
Nach göttlichem, gnädigem Walten
Hier unter dem schützenden, wohnlichen Dach
Noch öfter so freundlich gestalten;
O, möge durch Gottes allmächtigen Schutz
Die Frische des Geistes in Ihnen,
Uns Alle zum Segen, Gedeihen und Nutz,
Noch lange auf Erden bedienen.

Zum Geburtstage eines Freundes.

Geburtstagsfest! O, welch' ein Jubelklang!
  Wie dringt er durch das Herz
Und mahnt zu Dank, zu hellem Lobgesang
Beständig himmelwärts!
Geburtstagsfest! Wer anders hat's gegeben,
Als Gott der Herr, durch dessen Wort wir leben?

War's nicht der Herr, der Schöpfer aller Welt,
Der einst auch dich berief
Zum Leben hier; der dich so hoch gestellt
Und dich geliebt so tief,
Daß er dich freundlich rufen ließ und taufen,
Um dich zu seinem Eigenthum zu kaufen?

Nun bist du sein; er ist dein lieber Herr,
Du bist sein theures Gut;
Sieh, darum rief er heut vom Himmel her,
Wie nur die Liebe thut:
„Ich will dich ferner schützen und regieren,
Daß deine Füße nicht den Weg verlieren!"

O, sel'ger Mensch, an den ein solches Wort
Als Festtagsgruß ergeht!
O, sel'ges Fest, das immer fort und fort
Durch solch ein Wort besteht!
Ihm folget einst im Kreis verklärter Gäste
Im Himmelreich das höchste aller Feste.

Nun, ich entbiete inniglichen Gruß
Durch diese Zeilen hier.
O, mög' aus Gottes tiefem Gnadenfluß
Noch oft im Leben dir
Der wunderbare, reiche Segen fließen,
Geburtstagsfeier fröhlich zu genießen!

Geburtstagswünsche an verschiedene Personen.

1.

Brachte auch dein Fest in Menge
Eitel Feierklang schon mit,
Reih' ich dennoch diese Klänge
Treulich hier in Reih' und Glied.
Helfe Gott, daß ihm zu Willen
Alle sich für dich erfüllen.

2.

O, wie hegt' ich deinetwegen
Tausend Wünsche heute früh!
Trau und bau auf ihren Segen
Ohne Furcht, Gott hörte sie.

3.

Meine Wünsche heute dringen
Auf zum lieben Himmel weit,
Rufen Gott für dich und bringen —
Ihm zum Ruhm vor allen Dingen —
Einen gnädigen Bescheid.

4.

Wieder ist dein Wiegenfest erschienen;
In des Glanzes Fülle steht es da,
Leuchtend hell aus allen deinen Mienen.
Höre, was zu Ehren dir geschah:
Einen Strauß, an Wünschen schwer,
Ließ ich binden.   Sieh' nur her!
Mög' er dir noch viele Jahre grünen!

5.

Ein Lebensjahr mit seiner Freud' und Plage,
Mit seinem Segen zog an dir vorbei.
Ich wünsche dir zu diesem Jahrestage,
Lieb, treues Herz, der Gaben Mancherlei;
Insonderheit, bis auf die letzte Stunde,
Ein neues Jahr im alten Gnadenbunde.

6.

Perlen, rein und silberweiß,
Aus der Schrift zum Kranz gereiht,
Unerforscht an Werth und Preis
Liegen für dein Fest bereit.
        Paulus, heute wünsch' ich dir
        Aus dem Schatz der Perlenschnur
        Ungeschwächten Glauben nur,
        Lieb' und Hoffnung für und für.

7.

Ein Wunsch stieg heute, dir zu gut,
Laut jubelnd aus des Herzens Schrein:
Ihm, der da große Dinge thut,
Sei anvertraut zu guter Hut,
Er wird dein Schutz auch ferner sein.

8.

Aufwärts richt' ich heute Herz und Hände.
Neue Gnade, neuer Segen fehle
Nun und nimmer dir, geliebte Seele,
Auf der Weiterfahrt zum Lebensende.

9.

Jubel sei im Hause heute,
O, du lieber Wandersmann,
Heut', beim Denken an die Freude,
Als dein Leben einst begann!
Nach wie vor sei Gottes Segen
Nur auf allen deinen Wegen.

10.

Ein fröhliches „Ich gratulire!"
Mit vielen Wünschen bring' ich hier.
Mög' Gott es segnen, daß es führe
Auf Flügeln mich noch oft zu dir.

11.

Kein schön'res Wort vermag ich heut' zu sagen,
Als dieses hier: „Der Herr behüte dich!"
Ruf' Gott nur an wie in vergang'nen Tagen,
Laut ruf' um Hülfe, so erbarmt er sich.

12.

Meine Wünsche und Geburtstagsgrüße,
In des Herzens Fröhlichkeit gethan,
Nimm zu diesem schönen Tage an:
Nur mit Jesu setze deine Füße
Auch in Zukunft auf die Pilgerbahn.

13.

Fei're heute froh und heiter,
Recht von Herzen diesen Tag!
In den Kämpfen rechter Streiter
Traue Gottes Gnade weiter,
Ziehe deinem Jesus nach.

14.

Aus herzlicher Ergebenheit
Und Liebe wünsch' ich kurz und schlicht:
Gott segne dich auch fernerweit
Und führe dich nach dieser Zeit
Still aus der Welt in's ew'ge Licht.

15.

Hier bring' ich, was mich ganz erfüllt:
Ein Wünschlein, tief aus Herzensgrunde
In's beste Feierkleid gehüllt.
Nimm's an! Gott segne diese Stunde!
Reich' mir die Hand nur frisch und frei!
In aller Noth und Trübsal sei
Christ, unser Herr, mit dir im Bunde.

16.

„Marie hat das gute Theil erwählt.“
Auch du ergreife heute diese Stütze
Recht kräftig wieder, daß sie dir nicht fehlt
Tief in des dunklen Thales Trübsalshitze.
Halt an im Glauben, bis es Gott gefällt
Auch dich zu rufen in sein Himmelszelt.

17.

Lasse mich zum Wiegenfest dir sagen
Ungeschminkte, treu gemeinte Worte:
Ihm nur, der bis heute dich getragen,
Sei empfohlen auch in künft'gen Tagen,
Er geleitet dich gewiß zur engen Pforte.

III.

Hochzeitswünsche.

Zur Hochzeitsfeier.

Euch zu Ehren bin ich heute
　　Eingeladen hier,
Darum, junge Eheleute,
Sei gestattet mir,
Euch zu Eurem Ehrenfeste
Zu begrüßen auf das beste.

Und so bring' ich denn vor allem
Euch ein jubelnd Hoch;
Mög' es laut und fröhlich schallen
Fern durch's Leben noch:
Vivat! Vivat! Euch erstehe
Glück und Heil aus dieser Ehe!

Möge sich in dieser Stätte
Unverändert rein
Lieb und Frieden um die Wette
Eurem Dienste weih'n
Und durch stilles, sanftes Walten
Euch ein Himmelreich gestalten.

Und Ihr wißt die reine Quelle,
Kennt den heil'gen Ort,
Wo die Beiden silberhelle
Sprudeln fort und fort;
Trinkt, so lange, wohl behütet,
Euch die Quelle Wasser bietet.

Zur Hochzeitsfeier.

Nun, fröhlich in's eh'liche Leben hinein!
Ihr mußtet einander ja finden
Und ließet Euch willig zu diesem Verein
Mit rosigen Ketten umwinden;
Es lächelt vom ehlichen Himmel herab
Die Sonne so freundlich und milde
Und bietet zur Wanderung Stecken und Stab
Durch nahe und ferne Gefilde.

Wie wogen die Saaten, wie sinnig und traut
Erklingen vom Walde die Lieder;
Wie jubelt die Freude, die Wonne so laut,
Wie hallet im Thale es wieder!
Erhebet die Häupter, erweitert die Brust,
Ihr jugendlich frischen Gestalten,
Und lasset darinnen die himmlische Lust
Im Namen des Herren nur walten.

Es kommen noch Stunden der Trauer genug
Im Thale des Jammers hienieden;
Die werden dem Christen im göttlichen Buch
Des Lebens besonders beschieden;
Und sollten im Laufe der flüchtigen Zeit
Auch Eure erscheinen und schlagen,
So haltet Euch willig und christlich bereit
Die Bürde des Kreuzes zu tragen.

Ihr ziehet ja nimmer die Straße allein;
Ihr habt ja im Glauben beschlossen:
„Ein Dritter soll Führer und Schützer uns sein
Im Kampfe mit finst'ren Genossen."
O, wohl Euch, Ihr wähltet den richtigen Mann,
Den Helden aus Davids Geschlechte,
Der ewiges, seliges Leben gewann
Für arme, verlorene Knechte.

Was könnte der Menschen erbitterter Feind,
Der ewig Gestürzte noch wollen?
Wo Jesus als Dritter im Bunde erscheint,
Da lasset den Teufel nur grollen;
Er kann ja doch nimmer ein einziges Haar
Ohn göttlichen Willen bewegen,
Das stehet und bleibet in Ewigkeit wahr
Und stritten auch Engel dagegen.

Zur Hochzeitsfeier.

Ihr seid von Herzen eins geworden,
Als Mann und Weib vereint zu sein
Und tratet fröhlich in den Orden
Des heil'gen Ehestandes ein,
Zu wahrer, rechter Einigkeit
Für alles Edle gern bereit.

Ihr schriebet Liebe auf die Fahne,
Und wenn's die rechte Liebe ist,
So führet sie zu keinem Wahne
Und folget willig Jesum Christ;
In Jesum Christum Einigkeit
Ist ja das schönste Hochzeitskleid.

Das traget bis zum Lebensende
Und haltet es in guter Hut,
Damit es nie ein Feind entwende
Als unbewachtes Hochzeitsgut;
Denn, gebt Ihr dieses Kleinod frei,
Ist's mit der Einigkeit vorbei.

Drum bleibet eins bei jeder Frage,
Die Eure Seligkeit betrifft;
Bleibt eins bei jedem guten Schlage
Nach allem falschen Seelengift,
Bis Euch kein Feind der Einigkeit
Im ew'gen Leben mehr entzweit.

Zur Hochzeitsfeier.

Was Ihr sehnlich wünschtet und erflehtet,
   Lieblich grüßend steht's vor Eurem Blick,
Traulich winkend, daß Ihr näher tretet,
   Zu empfahen das ersehnte Glück;
Und Ihr breitet aus die Arme beide
Und umschließt es gläubig Hand in Hand
Und betretet, so zu Freud und Leide
Vorbereitet, Euren neuen Stand.

Heilig ist der Stand, in den Ihr schreitet,
   Heilig, weil sein Stifter heilig ist;
Selig, weil ihn der für Euch bereitet,
   Dessen Herrlichkeit kein Aug' ermißt.
Und in diesem Stande wollt Ihr leben,
Fest umschlungen von der Liebe Band.
Saget, kann's auf Erden etwas geben,
Sel'ger als der heil'ge Ehestand?

Haben nicht die Patriarchen wahrlich
   Gott in diesem heil'gen Stand geehrt?
Ist er nicht zu Cana offenbarlich
   Von dem Herrn als Gottes Werk erklärt?
Wer in ihm sich seinem Gott verpfändet,
Treu zum Tod dem angetrauten Theil,
Der empfäht, nachdem er hier vollendet,
Einst vom Stifter unvergänglich Heil.

Das erfülle Euch mit süßer Wonne,
   Das erhebe Eure Herzen hoch,
Hoch hinauf zur ew'gen Gnadensonne,
   Die Euch so gewaltig zu sich zog;
Ob sie auch mit ihrem Wunderscheine
Euch zu Zeiten trüb und dunkel läßt —
Glaubet, und vergesset nicht das Eine:
Gottes Gnade stehet ewig fest.

Zur Hochzeitsfeier.

Nun ist's gescheh'n, nun ist der Bund geschlossen,
    Weit aufgethan zur Ehe steht die Thür;
Hinein, hinein, geliebte Festgenossen!
Gott gebe sein Geleite für und für!

Bewahret die vor ihm gelobte Treue,
Zusammensteht in gut und böser Zeit,
Und jeden Morgen bittet Gott auf's neue,
Daß er zu Eurem Werke Segen leiht.

Und traut Ihr ihm und glaubet seinem Worte,
So machet er's um Christi willen wahr
Und leitet Euch zur Paradiesespforte,
Wie er Euch leitete zum Traualtar.

Zum Hochzeitsfeste.

Ein Garten, voller Duft und Sprießen,
  Wo fröhlich wachsen Baum und Strauch,
Wo warme Sonnenstrahlen grüßen
Und Lüfte fächeln kühlen Hauch —
So stehet Euch, nach langem Hoffen,
Der Ehegarten heute offen.

Wie eine liebliche Geberde,
Aus welcher Treu und Glauben sieht,
Begrüßt Euch dieses Stückchen Erde,
Durch welches Euer Weg sich zieht
Bis an die dunkle Ausgangspforte
Der Ewigkeit und ihrer Orte.

Hier sprudeln Wasser, silberhelle,
Dort blühen Blumen mannigfach;
An jener auserwählten Stelle
Schützt Euch ein festes Wetterdach,
Und drüben kommen Euch zu statten
Der hohen Bäume kühle Schatten.

Genießt die vielen Wunderdinge,
Die Euch der Herr entgegenhält;
Nichts scheine Eurem Blick geringe
In dieser Paradieseswelt,
Denn das Geringe, Kleine grade
Macht Gott zum Mittel großer Gnade.

Ist nach vollbrachtem Tagewerke
Oft Eure Seele matt und schwach,
So gebt ihr neue Kraft und Stärke
Aus Eures Gartens Wasserbach;
Ihr schöpfet nicht daraus vergebens,
Es ist das Wasser ew'gen Lebens.

Es ist das ew'ge Wort, verheißen
Den Menschen für die Seligkeit,
Die Hand, mit der sie niederreißen
Die eigene Gerechtigkeit,
Das Kleid, mit dem sie überdecken
Der Sünde Rost und schwarze Flecken.

O denket, wenn Ihr weiterschreitet,
Der lieben kleinen Blumen auch,
Die Euch des Gartens Herr bereitet
Zu stetem, fleißigem Gebrauch;
Sie sind es, die in dunkeln Stunden
Als treue Freunde sich bekunden.

Da steht das liebe Blümlein Treue;
Wie strahlt's im himmelblauen Schein!
Begießt es jeden Tag auf's neue
Und athmet seine Düfte ein
Und schmücket Euch mit seinen Blüthen;
Es wird die Pflege reich vergüten.

Da pranget auch das Blümlein Liebe
Auf einem Beete dunkelroth;
O, pflegt es! Ohne seine Triebe
Ist Eure Ehe kalt und todt;
Erst durch der Liebe stilles Walten
Kann sich die Ehe wohlgestalten.

Und hier im weißen Feierkleide
Ein seelenvolles Blümlein steht;
O, pflegt es gut! Mit seiner Seide
Müßt Ihr Euch zieren, wo Ihr geht.
O hütet vor dem kleinsten Staube
Das wunderholde Blümlein Glaube!

Doch soll ich all die Blümlein nennen,
Die hier sich Eurem Dienste weih'n?
Ihr lernet selbst ein Jedes kennen,
Denn Jedes kann Euch nützlich sein
Und wird zu einem reichen Segen,
So lang' es Eure Herzen pflegen.

Doch in der Ehe gibt's auch Stürme
Mit Blitzesstrahl und Donnerkrach,
Drum wohl dem Paare, das zum Schirme
Und Schutze hat ein Wetterdach;
Denn unterm Dache ew'ger Gnaden,
Kann weder Sturm noch Donner schaden.

Wohlan! In Eurem Ehegarten
Ist solch ein Dach zu Eurem Schutz,
Darunter könnt Ihr ruhig warten
Und bieten Sturm und Wetter Trutz:
Des treuen Gottes Gnadenarme
Beschützen Euch vor allem Harme.

Und wenn Euch Sonnenstrahlen stechen,
Flieht zu der Bäume Schattenreich,
Zu Jesus, wollen Kummer brechen
Und Trübsal Euer Herz zugleich,
So werden Kreuz und Leid verschwinden
Und eitel Freuden Eingang finden.

Nun tretet ein, getrost und fröhlich,
Der Ehegarten winkt so süß;
Seid im Genuß der Gaben selig,
Die Gott dem Ehestand verhieß;
Gebete, die von Herzen kommen,
Begleiten Euch zu Nutz und Frommen.

Und stehet Ihr dereinst am Ende
Des Gartens vor dem Ausgangsthor,
So öffne sanft der Engel Hände
Und trage Euch zu Gott empor,
Aus dieses Lebens Kreuz und Leide
Empor zu ew'ger, sel'ger Freude.

———

Zum Hochzeitstage.

Geöffnet steht das hohe Thor der Ehe,
　　Und Gott der Herr ruft freundlich: „Tretet ein!"
Ihr aber sprechet: „Amen! Es geschehe!
Des Herren Wille soll der uns're sein!"
Das walte Gott! Sein Segen kann nicht fehlen,
Ihr fanget ja in Gottes Namen an
Und wollt allein auf seinen Beistand zählen
In aller Noth, die Euch betreffen kann.

Ihr seid, fürwahr, ein glücklich Paar auf Erden,
Daß Ihr in einem Stand zusammensteht,
In welchem Ihr durch Mühen und Beschwerden
Getreulich immer Seit an Seite geht;
Will Angst und Noth in Eure Mitte treten,
Die bösen Feinde Fleischeslust und Welt —
Vereintes Wachen, Ringen, Kämpfen, Beten
Schlägt auch die stärksten Feinde aus dem Feld.

Zwar hört der Herr schon einen Wunsch der Seinen
Noch ehe sich ihr Mund zum Sprechen regt,
Doch wenn sich Zwei zu lautem Ruf vereinen,
So wird sein Vaterherz noch mehr bewegt;
Dann schmeckt der Trost dem Herzen auch noch süßer,
Der aus des Lammes rothen Wunden quillt,
Des Lammes, das am Kreuze einst als Büßer
Für uns're Sünden Gottes Zorn gestillt.

Wird nun ein Leid gewiß zu halbem Leide,
Sobald Ihr es aus Herzensgrunde theilt,
So wird getheilte Freude Doppelfreude,
Die segnend über Eurem Haupte weilt.
O, der Gedanke, einen Herrn zu kennen,
Von dem Euch Freud' und Leiden widerfährt,
Und ihn der Ehe Schutz und Schirm zu nennen,
Ist wohl ein Kleinod, des Bewahrens werth.

So könnt Ihr denn von ganzem Herzen hoffen,
Daß Euer Bund dem lieben Gott gefällt;
Sein reiches Segensfüllhorn steht Euch offen,
Sein Schutz ist gut, in dem Ihr Euch gestellt;
Bei solchem Schutz, was schadet alles Wehe,
Und hätt' es auch den tiefsten Grund erreicht,
Der, welcher heiligte den Stand der Ehe,
Macht auch das schwerste Weh der Ehe leicht.

Zum 10jährigen Hochzeits-Gedächtnißtage.

Im Einklang mit der frommen Sitte,
 Zu denken an den Ehrentag,
An welchem einst der Herr zum Schritte
In's Eheleben Amen sprach,
Erschein ich heut' vor Euren Blicken,
Um, was im Herzen mich bewegt,
Durch ein paar Worte auszudrücken,
Die Euch mein Mund entgegenträgt.

Zehn Jahre sind im Strom verflossen,
Seitdem Ihr einst vereinigt seid;
Zehn Jahre habt Ihr nun genossen
Der Ehe Glück und Seligkeit;
Das ist doch wahrlich zu bedenken,
Das fordert auf zu Wort und That,
Das mußte Eure Herzen lenken
Zu ihm, der Euch geleitet hat.

Und wohl Euch, wenn Ihr dankt und lobet
Für Gottes gnäd'ge Führerschaft,
Wohl Euch, wenn sich in Euch erprobet
Auch fernerhin des Glaubens Kraft,
Wenn ferner Ihr in Noth und Sorgen
Euch fest um einen Führer schlingt,
Der Euer Schifflein wohlgeborgen
Zum ew'gen Friedenshafen bringt.

Doch da Ihr noch auf Erden weilet,
So lasse es der Herr gescheh'n,
Daß Ihr noch oft die Freude theilet,
Dies Fest zusammen zu begeh'n;
Daß heute über fünfzehn Jahre
Ein Silberkranz und Strauß Euch schmückt,
Und einst vor heiligem Altare
Das gold'ne Ehrenfest beglückt.

Zum 15jährigen Hochzeits=Gedächtnißtage.

I. Vergangenheit.

Wem rufen die Glocken den festlichen Gruß
    Entgegen: Willkommen? Willkommen?
Es haben zwei Menschen auf Gottes Beschluß
    Ihr Ziel nach der Kirche genommen.
Sie fanden sich Beide durch Blicke und Wort
    Und konnten sich nimmermehr trennen,
Und wollen sich heute am heiligen Ort
    Zur eh'lichen Treue bekennen.

Sie ziehen dem fröhlichen Zuge voran,
    Die Braut mit der Myrte im Haare,
Geführt von dem jungen begeisterten Mann
    Zum blumengeschmückten Altare;
Und die Orgel empfängt sie mit mächtigem Ton,
    Und die Menge beginnet zu singen,
Es schweben Gebete zum himmlischen Thron,
    Und die Herzen frohlocken und springen.

Und als sich die Seelen am Liebe erquickt,
    Da werden aus göttlichem Munde
Verheißene Worte als Siegel gedrückt
    Zum heiligen eh'lichen Bunde:
Die, welche einander als ehlich Gemahl
    Mit gläubigen Herzen begehren,
Soll ewig ein himmlischer, göttlicher Strahl
    Der Liebe das Leben verklären.

Der Bund ist geschlossen, der Schritt ist gescheh'n,
    Und ein trauliches Heim wird gegründet,
Wo freundliche Augen und Herzen sich seh'n
    Und liebliches Wesen sich findet;
Denn der Engel umlagert die Stätte und hält
    Die Schwingen darüber gebreitet
Und schützet, daß nimmer die feindliche Welt
    Die Schwelle der Thür überschreitet.

II. Gegenwart.

Fünfzehn Jahre sind dahin getrieben
 Mit dem Strom der Zeiten schnell dahin.
Wo ist unser junges Paar geblieben
Mit dem frischen, freien, frommen Sinn?
Gottes Segen hat sie nicht verlassen,
Junge Zweige sprießen aus dem Stamm,
Die ihn fächeln, schützend ihn umfassen,
Wie ein dichter, immergrüner Damm.

„Gottes Segen ist nicht fern gewesen",
Stehet über dieses Hauses Thür;
Ueberall hell leuchtend ist zu lesen:
„Gottes reicher Segen weilte hier."
Fünfzehn Jahre schönen Ehelebens
Sind im Segen nun zurückgelegt,
Fünfzehn Jahre unverrückten Strebens
Nach dem Ziele, das die Palme trägt.

Heller wie aus funkelnden Krystallen
Leuchtet dieser Tag aus Eurem Kranz,
Reicher wie aus edelsten Metallen
Strahlet Euch des heut'gen Tages Glanz;
Mög' er Euch in diesem Glanze bleiben,
Bis ein and'rer Tag ihn übertrifft,
Den, so Gott will, Eure Kinder schreiben
In die Chronika mit Silberschrift.

Zur silbernen Hochzeit.

So ließ der Herr den schönen Tag erscheinen,
An dem Ihr einst vor fünfundzwanzig Jahren
Der Freudenthränen hellste durftet weinen
Vor Gottes hohem heiligem Altare;
Ihr schwuret, fest einander Treu zu halten
Durch Freud' und Leid im heilgen Ehebunde
Und warfet Euch, zwei flehende Gestalten,
An Jesu Brust in stiller ernster Stunde.

Und wechselvoll dahin die Jahre flogen
Seit jenem unvergeßlich schönen Tage;
Oft stiegen dunkle Wolken auf und zogen
Sich dicht zusammen wie zum Donnerschlage;
Doch Gottes wunderbare Gnadensonne,
Die wußte alle Wolken zu zerstreuen
Und schüttete, nach Kreuz und Trübsal, Wonne
Die Fülle über Euch herab von neuem.

Des Herren Arme waren Eure Stützen,
Im finstren Thale Euer Stab und Stecken;
Die lieben Engel mußten Euch beschützen
Vor jedem Stein auf steilen Wegestrecken;
Des Herren Tisch stand gegen die bereitet,
Die sich als Feinde wider Euch erhoben.
Bis hierher hat der Höchste Euch geleitet,
Der große Gott, den Erd und Himmel loben.

Drum mit dem Psalter sprechet: „Meine Seele
„Soll Gott den Herren preisen und lobsingen;
„Von neuem ich dem Herren mich befehle,
„Er wird mit einem Schilde mich umringen.
„Lobsinge doch dem Herren, meine Seele,
„Vergiß nicht seiner süßen Gnadenspenden;
„Lobsinge seine Ehre und erzähle
„Den Namen sein hier und an allen Enden!"

Wohlan, Gott laß Euch ferner Seit an Seite
Noch manches Jahr durch's Eheleben wandern
Mit seinem Gnadenworte als Geleite
Zur Hülfe für den Einen wie den Andern;
Und solltet Ihr das goldne Fest erleben,
So stellet es in Gottes Vaterhände;
Der mög' Euch Beide Kraft und Stärke geben
Zu einem selgen, sanften Lebensende.

Zur goldenen Hochzeitsfeier.

Wie im reichen Prachtgewande
    Sonne Abends steht,
Ehe sie am Himmelsrande
Völlig untergeht;
So entfaltet sich für Euch
Euer Lebensabend reich,
Ehe Euch zur stillen Gruft
Euer treuer Heiland ruft.

Fünfzig Jahre sind geflohen
Zur Vergangenheit,
Seit Ihr in dem herrlich hohen
Ehestande seid.
Ueber Euch, bald leicht, bald schwer
Braußten Stürme hin und her,
Regen oft und Sonnenschein
Stellten sich im Wechsel ein.

Aber nach der Stürme Brausen
Ward der Himmel rein
Und es durften Ruhepausen
Euren Abend weih'n.
Gott gesegne diese Ruh',
Führe Euch dem Ziele zu,
Wo die ew'ge Ruhe winkt
Und die Sonne nimmer sinkt.

IV.

Stammbuchsverse.

1.

Auch ich soll diesen Blättern hier
Ein Verschen einverleiben?
Wohlan! Mein Herz dictirt es mir
Und meine Hand soll's schreiben.

Vor noch nicht lang verfloss'ner Zeit
Da fand ich einst am Wege
Zwei Blümelein im blauen Kleid
Im leisen Zwiegespräche.

Sie sprachen von der Freundschaft, die
Hinfort sie üben sollten,
Und daß sie sich einander nie,
Niemals vergessen wollten

Der Worte schlichter, klarer Sinn
Berührt gewisse Seiten
Und richtet meine Blicke hin
Auf deine Freundlichkeiten.

Die wurden, glaube mir gewiß,
Mit Dankbarkeit ermessen,
Und werden — denn die Pflicht ist süß —
Im Leben nicht vergessen.

2.

Der treuste Freund in diesem Leben
Das ist der liebe Jesus Christ;
Wer ihm sein Herz so ganz gegeben,
Der weiß, daß er geborgen ist.

Ihn habt Ihr Euch zum Freund erkoren,
Auf seinen heil'gen Namen seid
Ihr einst getauft und neu geboren,
Und traget nun sein Ehrenkleid.

Er hütet Euch wie theure Schätze
Und geht durch's finstre Thal voran,
Daß Euren Fuß kein Stein verletze
Und ewig Schaden bringen kann.

Nun, Miterlöste, pilgert weiter;
Mit solchem Freunde bis zum Tod
Seid Ihr gewisse Glaubensstreiter
Und bringt in's ew'ge Morgenroth.

Erringt die unverwelkte Krone
Der ewigen Gerechtigkeit;
Sie liegt im Himmelreich zum Lohne
Für rechte Streiter längst bereit.

Ruhm, Ehr und Preis für solche Gaben
Sei Jesu Christo nur allein!
Wer möcht' ihn nicht zum Freunde haben?
Wer möchte nicht sein Diener sein?

3.

Trau auf Gott in aller Noth;
Was er dir verheißen,
Macht er nimmermehr zum Spott,
Kann er nicht zerreißen.

Rufe ihn nur kindlich an,
Ihm allein zu Ehren,
Was er dir gewähren kann,
Wird er dir gewähren.

Er belud ja seinen S o h n
Mit des Kreuzes Bürden,
Gab i h m unsren Sündenlohn,
Daß w i r selig würden.

Und er sollte nicht vielmehr
Gnädig sich erzeigen,
Wenn zum Himmel um Gewähr
Deine Seufzer steigen?

4.

Auf dem Wege, e n g und s ch m a l
Wandle durch das Jammerthal,
Denn des breiten Weges Spur
Führet in's Verderben nur;
Durch den ersten weiset dir
Jesus seines Reiches Thür,
An dem Ziel des zweiten steht
Teufels höll'sche Majestät.
Ew'ges Leben — ew'ge Pein —
Kann die Wahl in Zweifel sein?

5.

Der Frühling ergötzt durch der Vögel Gesang,
Durch liebliche Düfte, Schalmeien und Klang;
Erfreue dich seiner, doch wiss' er vergeht
Und warte des Frühlings, der e w i g besteht.

6.

Folge e i n e m Sterne nur,
Wenn's am Abend dunkelt:
J e n e m , der die stille Flur
Bethlehems durchfunkelt.

7.

Willst Du w o h l behütet wandern
Nach dem fernen Ziele dort,
Schreite nimmermehr auf andern
Als Berufeswegen fort.

8.

Stehe auf dem Grund allein,
Der auf Jesus ruht;
Stürmt es, kannst du sicher sein
Vor des Sturmes Wuth.

9.

Theile mit der Tulpe nicht
Aeuß're Pracht, die oft besticht;
Laß das Veilchen an dem Rain
Dir ein edles Vorbild sein.

Tulpe prangt nach außen wohl,
Aber innen ist sie hohl;
Veilchens Kleid in Wald und Kluft
Ist wohl schlicht, doch voller Duft.

Laß den Menschen ihre Pracht,
Die doch nimmer glücklich macht;
Du hast ewiglich genug
An des Glaubens Wohlgeruch.

10.

Willst du einem klugen Mann
Gleich geachtet werden,
Höre Jesu Rede an
Folge ihr und nimmer kann
Dich ein Feind gefährden.

11.

Ein Kind, das seine Eltern ehrt,
Dem wird es wohl auf Erden gehn,
Ihm wird ein volles Maß bescheert,
Der Himmel soll ihm offen stehn
Als Lohn für treu erfüllte Pflicht;
Das ist es, was der Herr verspricht.

Das schreibe dir in's Herz hinein
Mit unauslöschlich tiefer Schrift
Und laß es drinnen wohl gedeih'n,
Damit auch dich der Segen trifft,
Den die Verheißung dem bescheert,
Der seine Eltern liebt und ehrt.

12.

Ring und strebe nur nach Einem,
Während du auf Erden wallest:
Strebe, daß du höher Keinem
Als dem Jesuskind gefallest.

13.

Ein treues Herz bewahre dir
In allen Lebenslagen,
Der Falschheit öffne keine Thür,
Du möchtest es beklagen;
Ein treues Herz, ein grader Sinn,
Ein Aug' mit unverwandtem Blick
Gerichtet auf den Heiland hin —
Das führt allein zu wahrem Glück.

14.

Lasse nicht in dieser Zeit
Dich durch Gold und Silber blenden
Und zu deinem Schaden weit
Von des Himmels Schätzen wenden;
Fällt dir Reichthum in den Schoß,
Brauche sein nach Gottes Willen,
Dann wird Segen, reich und groß
Dich mit Himmelsschatz erfüllen.

Wandle bis zum Tode recht,
Dann ist dir das Wort beschieden:
„Ei, du frommer, treuer Knecht,
Gehe ein zum ew'gen Frieden;
Was du gläubig hast gethan
Dem Geringsten unter diesen,
Sehe ich wahrhaftig an,
So, als wär es mir erwiesen!"

15.

Der du dich an manchen Tagen
Oft mit schweren Sorgen plagst,
Höre, was die Vögel sagen,
Ehe du dein Loos beklagst:

Alle jubeln zum entfernten
Himmel ihres Dankes Zoll —
Ob sie weder sä'n noch ernten —
Für gedeckte Tische voll.

Sollte, der die Vögel nähret
Unter jedem Himmelsstrich,
Dessen Güte ewig währet,
Nicht vielmehr ernähren dich?

16.

Wie die Sonn' am frühlingsblauen
Himmel auf dich niederlacht,
Möge auf dich niederschauen
Gottes Auge Tag und Nacht.

17.

Bei Allem, was dein Herz erdenkt,
Was immer deine Zunge spricht,
Wozu dich Thun und Handeln drängt —
Vergiß des treusten Freundes nicht.

18.

Schau der Eiche Kraftgestalt;
Warum stehet sie so fest,
Daß die größte Sturmgewalt
Sie doch ungefährdet läßt?

Weil sie tief in's Bodens Mark
Ihre starken Wurzeln schlägt,
Darum steht sie fest und stark
Und vom Sturme unbewegt.

Lerne aus der Eiche Mund.
Laß des Wortes Wurzeln gehn
Tief bis auf des Herzens Grund,
Dann im Sturme wirst du stehn.

19.

Ein Christ, der fest gegründet
In seinem Glauben steht,
Weiß, wo er Hülfe findet,
Wenn's um ihn stürmt und weht:

Des Glaubens Anker senket
Er tiefer nur ins Wort;
Der, welcher Stürme lenket,
Ist mit der Hülfe dort.

20.

Wie sich im Bache durch Wellen klar
Alles im Grunde dem Blicke enthüllt,
So nur enthülle aufrichtig und wahr,
Bist du in Leibes= und Seelengefahr,
Offen dem Freunde dein inneres Bild.

21.

Hast du einen Freund gefunden
Auf dem Weg, den Wen'ge geh'n,
Halt ihn fest; in trüben Stunden,
Halten Zweifel dich gebunden,
Lernst du seinen Werth verstehn.

22.

Dieses Verschen mag dir deuten
In des Wortes besten Sinn,
Daß ich dir zu allen Zeiten
Immer treu ergeben bin.

23.

Folge nicht dem Strom der Zeiten,
Denn er brauset wild dahin,
Um zu einem Schlund zu gleiten
Mit dem Tode als Gewinn;
Und in dieses Todes Armen
Giebt es ewig kein Erbarmen.

O, mein Kind, du bist zu Besserm
Durch die Gnade auserseh'n,
Als mit reißenden Gewässern
In den ew'gen Tod zu gehn:
Du gehörst dem Opferlamme,
Das da starb am Kreuzesstamme.

Durch sein Leiden, durch sein Sterben
Hat es Gott genug gethan,
Und zu seines Reiches Erben
Nimmt es alle Sünder an,
Die an ihn, als Ueberwinder
Glauben, wie die kleinen Kinder.

Jesus Christus heißt das reine,
Das gerechte Opferlamm;
Laß im Herzen ihn alleine
Stehn als deines Glaubens Stamm,
Dann nur wird es dir gelingen,
In die Seligkeit zu bringen.

24.

Wandle vor dem Herren treu,
Bleibe auf dem Pfad des Lebens,
Dann befällt dich nie die Reu,
Daß du wandeltest vergebens.

25.

Habe Jesum Christum lieb,
Demuth bilde deine Zierde,
Seligwerden sei dein Trieb
Deine heiligste Begierde.

26.

Bist du in des Lebens Wirren,
Theu'r erlöstes Christenkind,
Auf dem Punkt dich zu verirren,
Weil der Wege viele sind;

Gehe nur zurück im Geiste
Nach dem Zimmer, freundlich hell,
Wo dich oft dein Lehrer speiste
Aus des Wortes ew'gem Quell.

Suche dort auf grünen Gründen
Führer, die sich stets bewährt;
Sollte sich nicht einer finden,
Der zum rechten Weg dich kehrt?

27.

Schau' in die Höhe zum freundlichen Herrn,
Wollen dich Zweifel bedrücken;
Wie er dem Schiffer den rettenden Stern
Sendet vom Himmel, so will er auch gern
Hülfe und Rettung dir schicken.

28.

Wohl schrieb ich meines Namens Züge
Auf dieses Blättlein nieder,
Und ihr Beschau'n bringt zur Genüge,
Erinnerungen wieder;
Doch sie vergehn nach diesen Tagen,
Weil Zeit und Wechsel daran nagen.

Doch Namen, in das Buch des Lebens,
Vom Herren eingetragen,
Die soll der Zahn der Zeit vergebens
Zerstören und benagen,
Denn sie bedeuten ew'ges Leben
Für Alle, denen sie gegeben.

O, laß uns wachen, beten, flehen,
Daß wir in jenem Buche
Auch unf're Namen wiedersehen,
Befreit vom Sündenfluche,
Dann wollen wir, dem Herrn zu Ehren,
Den Jubelchor der Engel mehren.

29.

Gott ist dein Vater, willst du mehr?
Vor wem braucht dir zu grauen?
Und drohte aller Teufel Heer,
Zu stürzen dein Vertrauen —
Halt treu zu ihm, er lässet dich
Um Christi Willen nie im Stich.

30.

Drei Feinde folgen dir auf Erden
Auf allen deinen Wegen nach,
Und hindern dich am Seligwerden
Bis an den letzten Lebenstag.

Sie heißen Teufel, Welt und Lüste,
Im eignen bösen Fleisch und Blut;
Vor ihnen hüte dich und rüste
Dich allezeit mit festem Muth.

In Jesu Namen bitt' und flehe
Um Hülfe gegen diese drei,
Und glaube fest, aus Himmelshöhe
Steht dir ein lieber Vater bei.

31.

Dieses Buch im Außenkleide
Strahlt im rothen Purpurschein,
Innen aber jede Seite
Glänzt wie Schnee so weiß und rein;
Schauest du das Rothe an,
Denk an Jesu Wunden dann,
Doch das Weiße dich ermahne
An des Heilands Siegesfahne.

32.

Weiß wie dieses Buches Seiten
Wird einmal dein Haupthaar sein,
Wenn nach vielem Kampf und Streiten
Du in's Alter gehest ein;
Wohl dir, wenn du dann mit Ehren
Deine grauen Haare trägst.
Und, im Herzen Jesu Lehren,
Dich zur letzten Ruhe legst.

33.

Das Bibelbuch, das liebe theure,
Laß deines Herzens Führer sein,
Mit ihm nur wohlgemuth durchsteure
Des Lebens Fluthen, groß und klein,
Es führt dich sicher zu dem Ziele,
Wo nie ein Klagelied erklingt,
Wo nach des Lebens Kampfgewühle
Die ew'ge, sel'ge Ruhe winkt.

34.

Willst du deiner Seele
Wahres Glück und Heil,
Mit Maria wähle
Jesu gutes Theil.

Sitze ihm zu Füßen,
Höre, was er spricht,
Seine Reden fließen
Aus der Wahrheit Licht.

Seine Reden bringen
Ew'ges Seligsein;
Laß sie, laß sie dringen
Tief in's Herz hinein!

35.

Wie ein Blümchen im Entstehen
Sitzest du am grünen Zweig,
Und des Windes sanftes Wehen
Schaukelt dich so sanft und weich.

Blümchen an dem grünen Zweige,
Der da Jesus Christus heißt,
Bis zum Tod durchweh und neige
Dich der liebe heil'ge Geist.

36.

Die Eintagsfliege wiegt sich frei
Im Strahl der Morgensonne,
Doch schon am Abend ist's vorbei
Mit aller ihrer Wonne.

Mit deinem Thun ist's ebenso;
Wie fliegen deine Jahre!
Kaum wirst du deines Lebens froh,
So kömmt die Todtenbahre.

Doch fliehe nur zu Jesus hin,
An jedem deiner Tage,
So ist der Tod dir ein Gewinn
Und endet alle Plage.

37.

Wenn ich längst im Grabe bin
Und du mitten stehst im Leben,
Denke an der Lehren Sinn,
Die die Schule dir gegeben.

38.

Laß dein höchstes Streben sein
Jesu Christo zu gehören,
Dann wird nie ein falscher Schein,
Deine Seligkeit zerstören.

Ach, vergiß des Betens nicht!
Beten heißt, zum Vater flehen,
Zu dem Vater, der da spricht:
Dir soll, wie du willst, geschehen!

Und so oft du dann allein
Betest zu des Glaubens Mehrer,
Schließe in's Gebet mit ein
Auch von Herzen deinen Lehrer.

39.

Lasse die Wasser des Lebens dich pflegen,
Wachse und sprieße in Sonne und Regen!

40.

Auf des Meeres wilden Wogen
Fährt ein schwaches Schiff dahin;
Wetter haben es umzogen
Und ein Schiffer sitzt darin;
Doch der Herr wird ihn behüten,
Gott der Herr, zu dem er spricht:
„Stille, Herr, des Meeres Wüthen!
Hilf, o hilf! Verlaß mich nicht!"

Sieh, so ist's mit deinem Leben,
Hier in dieser argen Welt;
Feinde haben dich umgeben
Und dir Netze hingestellt.
Aber mit dem Schiffer wende
Dich vertrauensvoll zum Herrn;
Wahrlich, seine Allmachtshände
Halten deine Feinde fern.

41.

Wenn in schweren Lebenslagen
Dir der Muth zum Handeln fehlt,
Wenn der Zweifel dich mit Fragen
Ueber deinen Glauben quält,
Dann gedenk der Bibelsprüche,
Die als Schüler du bekannt,
Und als Opferwohlgerüche
Einst zum Himmel aufgesandt.

Dann gedenk der Trosteslieder,
Die du oftmals aufgesagt,
Falte deine Hände wieder
Bet' und singe unverzagt;
Bet' und sing' aus Herzensgrunde,
Was die Schule dich gelehrt;
Solch ein Schatz in trüber Stunde
Hat noch immer Trost gewährt.

42.

Halte von der Welt dich fern,
Folge ihren Lüsten nicht;
Deines Lebens Stern und Kern
Sei und bleib' des Wortes Licht,
Denn es leuchtet unverwandt
Nach dem ew'gen Vaterland.

43.

Wie des Bächleins Wellen fließen —
Still in ihrem Bett daher
Unter Blumenkuß und Grüßen
Auf dem Weg zum weiten Meer —
O, so mögen deine Tage
Fließen durch das Leben weit
Unter Gruß und Flügelschlage
Göttlicher Barmherzigkeit.

44.

Nicht viele Worte will ich schreiben,
Doch was ich schreibe, glaube mir:
Durch meines Herzens Fensterscheiben
Strahlt Liebe nur entgegen dir.

45.

Ob uns weite Fernen trennen
Auch im Leben hie und da —
Wenn wir gläubig den bekennen,
Den wir Jesus Christus nennen,
Stehen wir uns wahrlich nah.

46.

Wenn du denkst an Jesu Namen,
Denke auch an jene „Zehn“,
Welche einst zusammenkamen,
Um zum Hochzeitsfest zu gehn.
Jede dieser Frauen trug
Eine Lampe für die Nacht,
Doch nur „fünfe“, klug genug,
Hatten auch an Oel gedacht.

Zähle zu den Klugen immer,
Die der Bräutigam empfing
In dem reich geschmückten Zimmer,
Wo die Hochzeit vor sich ging;
Halte dich am Worte fest,
Daß dein Glaubenslämpchen brennt
Und zum ew'gen Hochzeitsfest
Sich der Herr zu dir bekennt.

47.

Karoline! Sei —
Was dein Namen schön bedeutet —
Stark und glaubenstreu,
Daß die Welt dich nicht erbeutet.

Tritt mit Glaubenskraft,
Die der heil'ge Geist zum Segen
Dir im Herzen schafft,
Jedem argen Feind entgegen.

Sieh, dann muß er flieh'n,
Muß gewißlich unterliegen,
Und so kannst du ihn
Allezeit mit Gott besiegen.

48.

Viele Feinde, Karoline,
Stellen dir auf Erden nach —
Starke, grimmige und kühne —
Und sie bringen Weh und Ach;

Willst du ihrer dich erwehren
Mußt du s t a r k im Glauben sein
Und den Feinden Krieg erklären
Aus des G e i s t e s Kraft allein.

49.

E m i l i e: „Beredte"!
Beredsamkeit ist schön,
Wenn reine, frische, stete
Gedanken sie durchwehn;
Und ist dir solche Gabe
Vom lieben Gott verlieh'n,
Benutze sie und habe
Sie nur allein für ihn.

50.

„A n n a": das bedeutet Huld,
Anmuth, Gottes ew'ge Gnade.
Welche Lichter auf dem Pfade
Vieler Mühen und Geduld!
Bist du allezeit von ihnen
Klar und sternenhell umschienen,
Dann erreichst du ganz gewiß
Einst das ew'ge Paradies.

51.

„B e r t h a": das ist Licht und Helle
O, wie ist die Deutung schön!
Glaubst du an die reine Quelle
Ew'ger Lieb' aus Himmelshöh'n,
Sieh, so bist du hell erleuchtet
Durch des heil'gen Geistes Licht
Und an Frische, die dich feuchtet,
Fehlt es dann im Kreuze nicht.

52.

Der Name „B e r t h a" deute
Dich auf die Klarheit hin,
Durch die der Geist erneute
Dein Herz und deinen Sinn,

Als du im Sakramente
Durch Wort und Wasserbad
Dem reichtest Herz und Hände,
Der dich erlöset hat.

O, halte Lieb und Treue
Dem lieben Jesus Christ
Bis in den Tod und scheue
Des Teufels Trug und List;
In heil'gen Geistes Helle
Laß deine Füße gehn
Bis an des Grabes Schwelle,
So wirst du wohl bestehn.

53.

„Bertha", die Leuchtende, Klare.
Hörst du, wie lieblich es klingt?
Suche das Leuchtende, Wahre,
Wie es die Bibel durchdringt.
Halte den Namen in Ehren,
Leuchte im Glauben zum Wort,
Bis du in himmlischen Sphären
Leuchtest in Ewigkeit fort.

54.

„Ida" soll an's Göttliche dich mahnen;
Treu zu deinem Heiland mußt du stehn,
Gern und willig folgen seinen Fahnen
Und mit ihm durch Kreuz und Leiden gehn,
Dann wird Göttliches dich hier bewohnen
Und im Himmel Göttliches belohnen.

55.

„Emma" bedeutet Häuslichkeit
Und Häuslichkeit und Fleiß;
Zu diesen bleibe stets bereit
Und widme willig deine Zeit
Des Hauses stillem Kreis.

Sei nach des Namens besten Sinn
Mit Fleiß darauf bedacht,
Daß dir als Christi Dienerin
Das Wort den Himmel zum Gewinn
Und sel'gem Hause macht.

56.

„S e l m a", du bist wahrlich reich
Im Besitze hoher Güter,
Die dir in der Taufe gleich
Schenkte dein getreuer Hüter,
Denn er reichte dir zurück
Jenes allerhöchste Glück,
Das in Edens kühlem Schatten
Einst die ersten Menschen hatten.

Solltest du nicht glücklich sein
Und zu deinem Jesus sagen:
„Dir nur soll mein Herz allein
Allezeit entgegenschlagen?"
O gewiß! Gott helfe dir,
Daß du bleibest für und für
In der Taufe heil'gem Bunde
Bis zu deiner Todesstunde.

57.

„L o u i s e": das ist Kampfbereite.
Vergiß es nie und nimmermehr
Und kämpfe r e c h t in jedem Streite
Zu deinem Heil und Gottes Ehr,
So wird dir einst durch Gottes Walten
Die Ehrenkrone vorgehalten,
Und dir zum Lohne, hochgeschätzt,
Von Jesus auf das Haupt gesetzt.

58.

Dein Name schließt das Schönste ein,
Was einen Christen schmückt auf Erden,
Denn „Minna" heißt: Voll Liebe sein
Und reicher stets an Liebe werden.

Behältst du dieses Ziel im Herzen
Und wendest es auf Jesus an,
So führen seine hellen Kerzen
Dich in das ew'ge Kanaan.

59.

„Minna", Liebereiche, trachte,
Daß die Liebe deines Herrn,
Die zu Gottes Kind dich machte
Bleibe deines Herzens Stern;
Liebe den von Herzen wieder,
Der den Schächer nicht verstieß
Und am Kreuze seine Glieder
Auch für dich verbluten ließ.

Liebe den getreuen Hirten
Mit der Kraft, die er verleiht;
Liebe den, der die Verirrten
Aus des Irrthums Nacht befreit;
Liebst du ihn mit jedem Athem,
Bis der Tod dein Auge bricht,
Sieh, dann bist du wohl berathen
Vor dem jüngsten Weltgericht.

60.

Wenn dein Auge dich zum Rahmen
Dieser Autographen zieht
Und in ihm so manche Namen
Alter treuer Freunde sieht,
Wird es auch den Namen schauen
Dessen, der dein Lehrer hieß,
Der so oft auf Gottes Auen
Dich zum frischen Wasser wies.

Halte fest auf deinen Wegen
Alles, was er dich gelehrt
Denn es ist ein Himmelssegen,
Wohl des Aufbewahrens werth;
Wenn nach göttlichem Befehle
Einst die ganze Welt zerfällt —
Dieses bringt die gläub'ge Seele
In das sel'ge Himmelszelt.

61.

Dunkel ist des Menschen Leben,
Wenn er in die Zukunft blickt;
Doch von hellen Schein umgeben
Geht er fest und unverrückt,
Wenn er nach des Wortes Richte
Und in dessen Himmelslichte
Jener Zukunft, früh und spät,
Ganz getrost entgegen geht.

Diesen Weg, mein treuer Schüler,
Geh auch du zu jeder Zeit;
Und umwehn dich, schwül und schwüler,
Kreuzeslüfte, Noth und Leid,
Will das Ziel sich dir verrücken —
O, dann laß dein Auge blicken
Nach dem Worte, das so leicht
Dir den Weg zum Himmel zeigt.

62.

Alles, was du thust und sinnst,
Thu mit Jesum nur allein;
Was du ihm zu Lieb beginnst,
Muß zu deinem Heil gedeihn.

63.

Wie blickt die Welt dich so begehrlich an,
Wie möchte sie mit Reizen dich umstricken;
Doch stehe fest nur auf des Wortes Plan,
So wird es dem Versucher nimmer glücken.

64.

Mühevoll aus tiefem Schacht
Wird das Geld gehoben,
Und den Menschen werth gemacht
Auf der Erde oben.

Tief im Schacht des Wortes sitzt
Mehr wie Gold zum Heben,
Das ergreife, denn es nützt
Für das ew'ge Leben.

65.

Auf dem Buche zeigt ein Bild
Dir ein Schiff im Hafen;
Stille ist die Fluth und mild,
Und im Arm der Ruh gehüllt,
Siehst du Alles schlafen.

Jenem Schiff auf stiller Fluth
Muß ich dich vergleichen,
Denn dein Lebensschifflein ruht
Auch im Hafen, Sturmes Wuth
Kann es nicht erreichen.

Das ist deines Heilands Schoß,
Deine heil'ge Taufe,
Wo, durch G o t t e s Gnade blos
Du vom Joch der Sünde los,
Spottest Sturmes Laufe.

Halt den Schoß geöffnet dir
Vor des Satans Toben,
Denn du bist, das glaube mir,
Nur in diesem Hafen hier
Sicher aufgehoben.

66.

Aus der Schule gehst du fort,
In das Leben willst du treten;
O, da sei dein stärkster Hort
Gottes Wort und brünstig Beten.
Hälst du diese Beiden fest,
Wo du stehst und gehst, zur Seite,
Dann, mein liebes Kind, verläßt
Dich dein Gott in keinem Streite.

67.

Nur kurz ist d i e s e s Leben,
Dort dauert's ewig fort;
Drum richte h i e r dein Streben
Allein nach Gottes Wort.

68.

„Ein Pilgrim"; die Benennung
Ermahne dich, mein Kind,
Daß Kommen, Gehn und Trennung
Dein irdisch Erbtheil sind.

Du kamst auf diese Erde
Und trat'st in Jesu Bund
Und gingst in Kreuz und Fährde
Dir schon die Füße wund.

Und pilgerst immer weiter,
Bis dich am Lebensend
Dein himmlischer Begleiter
Von dieser Erde trennt.

O pil'gre ohn' Ermüden
Den Weg zum Himmelssaal,
Dann scheidest du in Frieden
Aus diesem Jammerthal.

69.

Es dräut der Sturm
Dem Glaubensthurm
Und möchte ihn verschlingen;
Verzage nicht!
Dein Heiland spricht:
„Ich kann den Sturm bezwingen!"

So spricht der Herr
Was willst du mehr?
Wie kannst du noch verzagen?
Sei ohne Scheu,
Der Herr ist treu
In seinem Thun und Sagen.

70.

Im Winter müssen Schnee und Frost
Die Erde tief bedecken;
Dann ruht sie aus und schläft getrost,
Bis Frühlingsgrüße wecken.

Und hast du deinen Lauf vollbracht
Im Glauben hier auf Erden,
So muß auch dir aus Grabesnacht
Ein ew'ger Frühling werden.

71.

Dein guter Name ist Elisabeth,
Und der bedeutet eine „Gottgeweihte";
Mit dem Gedanken lege dich zu Bett
Und stehe auf zu neuem Kampf und Streite.
Dein ganzes Leben sei dem Herrn geweiht,
Hier in der Zeit und dort in Ewigkeit.

72.

Sei klug wie die Schlangen,
Nicht falsch wie die Tauben,
Und ohne zu bangen
Bekenne den Glauben:
Den Glauben, der selig den Sterblichen macht,
So lang er ihn hat und bewahrt und bewacht.

73.

Lasse dich, mein liebes Kind,
Nicht die Welt verführen,
Bleibe treu dem Herrn gesinnt,
Treu den heil'gen Schwüren,
Die für dich, an deiner Statt
Pathenmund geschworen hat.

In der Taufe sprachest du:
„Ich will Gott gehören
Und aus Herzensgrund dazu
Ja und Amen schwören."
Liebst du deine Seligkeit,
O, dann halte deinen Eid.

74.

Wie eine Quelle, frisch und klar,
So sei dein Glaube immerdar,
Dann siehest du zu jeder Zeit
Im Grunde deine Seligkeit.

75.

Nun kommt die Stunde bald herbei,
Wo du zur Schule sprichst: „Ade!
Ich muß hinaus ins Leben frei,
Und Scheiden thut dem Herzen weh!"

O wohl dir, wenn du nicht vergißt,
Was dir die Schule Gutes that,
Dann bleibst du immer, wo du bist,
Auf Gottes schmalen Lebenspfad.

76.

Lilie! Auf grünen Auen
Wuchsest du heran bisher,
Durftest Gottes Gnade schauen,
Gottes Treue mehr und mehr;
Deines Lebens erste Wende,
Wunderlieblich, sonnerhellt
Durch die Schule, ist zu Ende
Und du schreitest in die Welt.

Und die Welt ist weit und offen
Und Versuchung weilt in ihr,
Darum setze all dein Hoffen
Nur auf Gott, so weicht sie dir;
Wahrlich, der die Lilien kleidet
Und mit seinem Schutz umgibt,
Der bekleidet auch und weidet
Eine Seele, die ihn liebt.

77.

Schaue die Lilien im Freien —
Sterne im lieblichen Grün —
Wie sie entstehen, gedeihen,
Wie sie so wunderhold blüh'n:

Siehe, so weiß wie die Blätter,
Sterne im Grünen genannt —
Halte im Sturme und Wetter
Immer dein Glaubensgewand.

78.

Ob auch Zeit und Ort sich wandeln —
Heute alt und morgen neu —
Bleibe du in Thun und Handeln
Allezeit dem Worte treu;
Wo und wann du weilst auf Erden,
Gehe dessen Lebenspfad,
Der aus Sünden und Gefährden
Dich emporgezogen hat.

79.

Geh hinaus ins Feld und siehe
Dort in seiner Wunderpracht
In der stillen Morgenfrühe
Alles, was der Herr gemacht;
Sieh in ihrem Perlenkleide
Eine einz'ge Lilie an:
War in aller seiner Seide
Salomo so angethan?

Salomo war ohne Gleichen
Auf der Erde weit und breit,
Dennoch muß sein Glanz erbleichen
Vor der Lilie Feierkleid.
Merke! der mit solchem Prangen
Eine L i l i e ziert und schmückt,
Kennt auch deines Herzens Bangen,
Und die Sorge, die dich drückt.

Damit tröste dich und gehe
Wohlgemuth ins Leben ein,
Denn in allem Kreuz und Wehe
Will der Herr dein Helfer sein;
So gewiß sein mächtig Walten
Alle Kreaturen trägt.
Wird er auch ein Herz erhalten,
Das im wahren Glauben schlägt.

80.

Abschied! Welch' ein hartes Wort!
O, wie bitter klingt es Vielen,
Läßt die Seele fort und fort
Nichts als lauter Schmerzen fühlen!
Soll es auch bei uns so sein?
Nein! Und nun und nimmer — Nein!

Wohl erfüllt auch unser Herz,
Wenn wir Abschied nehmen, Trauer,
Aber unser Leid und Schmerz
Hat nur kurze Lebensdauer,
Denn uns tröstet, wenn wir gehn,
Der Gedanke: Wiedersehn!

V.

Pathenwünsche.

-- ----

1.

Nun, du kleiner Erdenbürger,
    Aus dem Geist geboren,
Hat an dir der höll'sche Würger
Alles Recht verloren:
Gott dem Herrn gelobtest du
Ew'ge Treu und Liebe zu.

Und ich sprach in deinem Namen
Aus dem Herzensgrunde
Feierlich ein Ja und Amen
Zu dem Gnadenbunde,
Der dich aus der Sünde Macht
In des Vaters Arm gebracht.

Seines lieben Sohnes wegen
Bietet Gott dir Gnade,
Ueberschüttet reich mit Segen
Alle deine Pfade;
Seines Sohnes Kreuz und Tod
Brachte dich aus aller Noth.   .

Der belud sich mit den Sünden
Aller Menschenkinder,
Ließ sich geißeln, ließ sich binden
Gleich dem größten Sünder,
Trug den Lohn der Missethat
Willig an der Menschen Statt.

Das ließ Gott sich wohlgefallen,
Ließ die Schuld bezahlen
Und die Gnadensonne allen
Menschen wieder strahlen;
Wer das glaubet, der gewinnt
Ew'ges Heil, wird Gottes Kind.

O, so glaube und bekenne
Diese sel'ge Lehre,
Daß dich Nichts von Jesus trenne
Noch zur Sünde kehre,
Dann giebt deiner Taufe Kleid
Dir vor Gott Gerechtigkeit.

2.

Bleibe treu dem Vater dort
   Auf des Thrones Stufen,
Der dich durch sein mächtig Wort
Aus dem Nichts gerufen,
Der auch mächtig dich erhält
Bis zum Lebensende
Und dich unterm Schutz gestellt
Seiner Gnadenhände.

Bleibe treu dem Sohne sein,
Der sich selbst gegeben
In des Todes bitt're Pein,
Dir zu Heil und Leben,
Und für diese Liebesthat,
Die nicht auszudenken,
Nur von dir gefordert hat,
Ihm dein Herz zu schenken.

Bleibe treu, o bleibe treu
Auch dem heil'gen Geiste;
Machte er nicht völlig neu
Das in dir verwaiste,
So verzagte, arme Herz?
Hilft er nicht fortwährend
Deinen Glauben himmelwärts,
Mahnend, schützend, lehrend?

Bleibe treu, im Glauben streit
Für die sel'ge Lehre
Heiliger Dreieinigkeit
Gegen Irrthums Heere;
Hälst du dich zu diesem Hort
Treu und fest auf Erden,
Wirst du einst im Himmel dort
Ewig selig werden.

————

3.

Viel weißer noch wie dieses Blatt
　Die weiße Farbe hält,
Hat dich der Taufe Wasserbad
Vor deinen Gott gestellt.

Bewahre dieses edle Weiß,
Du liebes Christenkind,
Zu deines Gottes Ehr und Preis,
Zum Trost, wenn Kreuz beginnt.

Gedenk daran, gedenk daran,
Wer dir solch Gut erwarb,
Wer dich erlöst aus Fluch und Bann,
Wer für dich litt und starb.

Dein Heiland war's, das Jesulein;
Sein heil'ges theures Blut
Wusch dich von allen Sünden rein,
Erwarb dir solches Gut.

Und durch die Taufe tratst du nun
In Jesu Gnadenreich
Und kannst in Gottes Armen ruh'n
So frei, so süß und weich.

O, das vergiß im Leben nicht,
Halt fest an diesem Hort,
Und durch des heil'gen Geistes Licht
Wachs' an Erkenntniß fort.

VI.

Confirmationswünsche.

Die Eltern an das Kind.

Theures Kind, das wir geboren
Und mit Gott so weit gebracht,
Daß dir rein und unverloren
Seine Gnadensonne lacht,
O, wie selig sind zu Muthe,
Die du deine Eltern nennst,
Daß du heut zum Himmelsgute
Deiner Taufe dich bekennst.

Daß du in der reinen Lehre
Nun so weit gefördert bist,
Um zu deines Gottes Ehre
Auch zu wandeln wie ein Christ;
Gebe Gott dir Kraft und Stärke,
Daß du hälst, was du versprichst
Und den Bund der Gnadenwerke
Deines Gottes nimmer brichst.

Wandle, wandle auf den Pfaden,
Die dir Gottes Wort gezeigt;
Fliehe als den größten Schaden
Alles, was im Finstern schleicht;
Ach, der Eltern Hut und Pflege
Wirst du bald entzogen sein,
Bald erspäh'n auf deinem Wege
Teufels Trug und Gaukelschein.

O, dann laß dich nicht betrügen,
Trau dem Flackerlichte nicht;
Ringe recht, so wirst du siegen
Durch des heil'gen Geistes Licht;
Lieg' im Geiste am Altare
Nur vor Jesu auf den Knie'n,
Daß er gnädig dich bewahre,
Und es wird vorüberzieh'n.

Nun, mit deinem Jesus gehe,
Du geliebtes theures Kind,
Und der heil'ge Geist durchwehe
Deine Seele süß und lind!
Deiner Eltern Fleh'n und Beten
Zu dem Herren aller Herrn
Schwebt, wohin du mögest treten,
Vor dir her als treuer Stern.

———

Das Kind an die Eltern.

Nun begleite Euer Flehn und Beten,
    Theure Eltern, mich auf Schritt und Tritt;
Würdig kann ich nur zum Altar treten,
Wenn der liebe Jesus schreitet mit.
Ohne Jesus will ich nicht mehr leben,
Ihm, dem Seelenfreunde nur allein
Will ich mich zu sel'gem Dienst ergeben,
Und ihm Alles, was ich habe, weih'n.

Seht, dem Teufel will ich jetzt von neuem
Ganz entsagen und der Hölle Macht,
Will von Herzensgrund die Sünde scheuen,
Die den Heiland an das Kreuz gebracht;
Will ein thätig Glied am Leibe werden,
Da mein Jesus selber ist das Haupt,
Bis ich einst nach dieser Zeit Beschwerden,
Ewig schaue, was ich hier geglaubt.

Aber ach, was kann ich thun und lassen
Ohne Kraft vom lieben heil'gen Geist?
Nichts vermag ich Sünder zu erfassen,
Als die Sünde, die zum Abgrund reißt;
Darum bittet, daß mich hell erleuchte
Jene Sonne, die der Vater schenkt,
Daß mich Geistes Himmelsthau befeuchte,
Wenn Versuchungsfeuer mich versengt.

Bittet, daß ich fest am Worte bleibe,
Daß ich treu zu Gottes Bunde steh,
Daß mich nichts aus Jesu Händen treibe,
Daß sein Wille auch bei mir gescheh;
Wenn sich also gläubig fest vereinen
Eure Bitten vor dem höchsten Thron,
Hülfeflehend, rufend mit den meinen
Dann erhört uns Gott durch seinen Sohn.

VII.

Jubiläumswünsche.

Zum 25jährigen Amtsjubiläum eines Predigers.

Nun sind schon fünfundzwanzig Jahr
  Vom Herren dir bereitet,
Durch die er dich ganz wunderbar
Nach seinem Rath geleitet;
Ein Viertelhundert-Jahre schon
Verkündigtest Du Gottes Sohn
Aus Gottes unerschöpftem Worte
Als einz'gen Weg zur engen Pforte.

O, giebt es da nicht Grund genug,
  Zu danken und zu loben,
Daß er, der alle Sünden trug,
Dich, dich so hoch erhoben?
Daß sich sein Wort: „Geht hin und lehrt,“
So mächtiglich zu dir gekehrt?
Daß dich der Herr durch deine Gaben
So lange wollte thätig haben?

Schau nur zurück durch's Sonnenlicht
  Der unerforschten Gnaden
Auf deinen Weg. Sag', zieht sich nicht
Hell, wie ein rother Faden
Durch Auen und durch Wüsten bang,
An Schlünden, tief im Thal entlang
Des Höchsten Hülfe, Kraft und Stärke
Bei deinem schweren Amt und Werke?

Gewiß, Gott selber war dein Heil,
Obschon du oft verschmachtet;
Er war dein Trost, dein bestes Theil,
Wenn Wolken dich umnachtet;
Er bringt auch ferner alle um,
Die ihm nicht lassen seinen Ruhm,
Und trotzig wider Solche streiten,
Die treu sein heilig Wort verbreiten.

Darum ergreife wieder neu
Das alte Siegeszeichen,
Und halt es hoch mit jener Treu,
Vor der die Berge weichen;
Gott stärke dich an Leib und Geist,
Daß ihn dein Mund noch lange preist,
Noch lange der Gemeinde künde
Den rechten Weg aus Tod und Sünde.

Zum 25jährigen Amtsjubiläum eines Lehrers.

———

Grüß Gott, du alter Degen!
Hier hast du meine Hand!
Nimm ihren Druck entgegen;
Er ist dir wohl bekannt!
Sieh, heute, gerade heute
An deinem Jubelfest,
Drück' ich vor lauter Freude
Dich ganz besonders fest!

Du stehst im Stand der Ehre,
Der dir verordnet war,
Im Stand der Lehr' und Wehre
Nun fünfundzwanzig Jahr;
Und mußtest du auch tragen
Viel Kummer, Hohn und Spott—
Heut kannst du dennoch sagen:
„Nun danket alle Gott!"

Aus deinem Herzen dringe
Nur eitel Preis und Lob
Zum Schöpfer aller Dinge,
Der dich so hoch erhob;
Der dich vor vielen Andern
So herrlich hingestellt;
Dich ließ so lange wandern
Auf seinem Arbeitsfeld.

Du zogst am Hirtenstabe
Der Lämmerschaar vorauf,
Damit sie sich erlabe
Am frischen Wasserlauf;
Du führtest sie zur Weide
Und hieltest gute Wacht,
Und hast in manchem Streite
Den Feind zu Fall gebracht.

Das konntest du vollbringen
Allein aus Gottes Kraft,
Die grade aus Geringem
So große Dinge schafft;
Drum freue dich und sag es
Den Gästen, groß und klein:
„Die Feier dieses Tages
Ist Gottes Werk allein."

Noch viele Seelen mögen
Durch dich und dein Bemühn
Zu ihrem Heil und Segen
Aus Gottes Wort erblühn.
Grüß Gott! und wand're weiter
Dem Himmelsziele zu,
Und komm als müder Streiter
Zuletzt zur ew'gen Ruh!

Zum 25jährigen Amtsjubiläum eines Lehrers.

———

Was bringt uns hier zusammen
Zum trauten Stelldichein
Mit Herzen, die da flammen
Im reinsten Freudenschein?
O, schauet in dies Angesicht,
In diese hell verklärten Züge,
Die zeugen wie ein Sonnenlicht
Für unser Kommen zur Genüge.

Wir Alle sind erschienen,
Um theurer Bruder, dich
Durch Worte, Blick und Mienen
Zu grüßen inniglich,
Zu drücken deine Bruderhand
Nach alter, frommer, deutscher Sitte
Und zu erfleh'n für deinen Stand
Des e'wgen Mittlers fern're Bitte.

Sieh, unsre Augen schauen
Zurück in ferne Zeit.
Da steht auf grünen Auen
Ein junger Mann bereit;
Er war gerufen von dem Herrn
Zum Hirten seiner Lämmerheerde,
Und willig folgte er und gern
Dem Ruf zu Mühe und Beschwerde.

Zum frischen Wasser führte
Er seine Lämmerschaar
Und tränkte sie und spürte,
Wie reich der Segen war;
Und fühlt' er sich oft matt und schwach
Nach arbeitsvollem Tagewerke,
So rief er in's Gedächtniß wach:
„Der Herr ist meine Kraft und Stärke."

So schwanden Jahr um Jahre
In reicher Thätigkeit,
In Mühen und Gefahren,
Im Kampfe und im Streit;
Denn welcher Hirte hätte nicht
Mit jenem argen Feind zu ringen,
Der plötzlich in die Heerde bricht
Und suchet Lämmlein zu verschlingen?

Da gilt es heiß zu kämpfen,
Mit rechter Glaubenskraft,
Des Feindes Macht zu dämpfen,
Bis sie zuletzt erschlafft.
Das hat auch unser Hirt erprobt
In einem wechselvollen Leben,
Und Gott, der Herr sei hochgelobt,
Der ihm bisher den Sieg gegeben.

Nun, soll ich dir noch sagen,
Daß du der Hirte bist,
Den Gottes Hand getragen
Bis zu der heut'gen Frist?
Den Gott in's Hirtenamt gesetzt
Zu einem Segen für so Viele,
Damit er sich erquicke jetzt
Beim Anblick solcher schönen Ziele?

Im Namen der Collegen,
Die hier versammelt sind,
Wünsch' ich dir reichen Segen
Zum Festesangebind;
Gott lasse überschwänglich weit
Dich ferner seine Treu erfahren
Und halte dich so lehrbereit
Wie heut vor fünfundzwanzig Jahren.

Zum 25jährigen Amtsjubiläum eines Lehrers.

———

Ein klarer Bach, im Grunde voller Steine,
  Floß munter durch ein grünes Wiesenland
Und freute sich im hellen Sonnenscheine
Der Blumen all an seinem Uferrand.

Er war der Quelle eben erst entflossen;
In Jugendfrische hüpfte er dahin,
Der fröhlichste der fröhlichen Genossen,
Ein lebensstarker Bub an Herz und Sinn.

So floß er thalwärts ohne Aufenthalten,
Ein wasserreicher, thatendurst'ger Bach,
Der willig seine inn're Kraft entfalten
Und gern im Dienste Gutes wirken mag.

Und siehe, als er kam zum Bergeshange
Und wirbelnd wollte niederstürzen dann,
Da trat ein Müllersmann mit leichtem Gange
Aus seinem Haus und sah den Burschen an.

Und sprach: „Halloh! Du ungestümer Junge!
So darfst du nicht vergeuden deine Kraft!
Komm her! Ich helfe, daß mit seinem Sprunge
Dein brausendes Gewässer Nutzen schafft!

„Thu', wie du willst", entgegnete voll Freuden
Der wilde Bach dem guten Müllersmann —
„Ich möchte meine Kräfte nicht vergeuden,
Ich möchte zeigen, was ich leisten kann."

Der Müller führte durch ein enges Bette
Des Baches Wellen auf ein großes Rad,
Das drehte sich und trieb in seiner Stätte
Ein ganzes Werk und wurde nimmer matt.

Und brachte reges Leben in die Mühle;
Die Räder klapperten bei Tag und Nacht
Zum großen Segen und Gewinn für Viele,
Die sich des Baches Kraft zu Nutz gemacht.

So hat der Bach das Mühlenrad getrieben
Bis heute treulich fünfundzwanzig Jahr
Und ist ein frischer, kräft'ger Bach geblieben
Mit manchem Stein im Grunde, leuchtend klar.

Der, welcher lenkte seine Kraft zum Treiben
Des Mühlenrades in die rechte Bahn,
Der lasse sie so lange in ihm bleiben,
Bis er ihm sagt: „Du hast genug gethan!"

Zum 25jährigen Amtsjubiläum eines Lehrers.

Wer volle fünfundzwanzig Jahr
    In Amtes Pflicht gestanden,
Bei der sich Arbeit immerdar
Und Müh' zusammen fanden;
Wer ungebeugt nach solcher Zeit
Mit alter zäher Rüstigkeit
Noch weiter geht mit festen Schritten,
Der ist aus Eisenholz geschnitten.

Das, alter treuer Kamerad,
Läßt sich von dir bezeugen;
Da stehest du wie ein Soldat,
Den kaum die Jahre beugen;
Du hebst den Fuß zum Weiterschritt
Und rufst uns zu: „Geht alle mit!
Es gilt, die alten Amtespflichten
Mit neuen Kräften auszurichten!"

Gott segne dich und deinen Muth
Und stärke deine Kräfte
Aus seines Füllhorns Gnadengut
Für fern're Amtsgeschäfte;
Bring' nur des Wortes sel'ger Ruh
Noch viele Kinderseelen zu
Und steh', will's Gott, auf Schweißes Kosten
Noch manches Jahr auf deinem Posten.

Wir aber wollen unverzagt
Mit dir auf Posten stehen,
Und wenn uns Noth und Kummer plagt
Auf deine Bürde sehen;
Der, welcher dir mit Rath und That
In aller Noth geholfen hat,
Wird auch für uns in Kümmernissen,
Wenn wir ihn rufen, Hülfe wissen.

Zum fünfzigjährigen Amtsjubiläum eines Lehrers.

Im Namen vieler Brüder soll ich grüßen,
 Geliebter Bruder, theurer Jubilar,
Wovon mir Herz und Mund will überfließen,
Das bring ich dir als Liebeszeichen dar.
Als Gabe derer, die mich eilen hießen
Nach diesem Ort, zu dieser Jubelschaar,
Um fröhlich meine Stimme zu erheben
Dem Herrn zu Lob, der solch ein Fest gegeben.

O, welche Gnade! Fünfzig Jahr im Amte,
Im Amt des Herren fünfzig Jahre stehn
Und Körnlein dessen, den die Welt verdammte
In zarte, weiche Kinderherzen sä'n!
Ein Menschenalter lang viel liebentflammte,
Dem Herrn erworb'ne, theure Pfänder sehn,
Auf deren Stirn die Worte sind zu lesen:
„Hier ist die Arbeit nicht umsonst gewesen."

Und solche Gnade wurde dir beschieden,
Dir ganz besonders leuchtete ihr Strahl,
Du durftest wandeln fünfzig Jahr hienieden
Durch dieses Amtes stilles Arbeitsthal;
Du zeigtest Tausenden den Weg zum Frieden,
Den Weg zu Jesu Christi Wundenmal;
Geschlechter durftest du zum Kreuze lenken,
Die deiner heut vor Gottes Thron gedenken.

Wie mag dein Herz erzittern vor Bewegen
Beim Rückblick auf die lange Arbeitszeit,
Bei dem Gedanken an den reichen Segen,
Den Gott auf deine Arbeit ausgestreut!
Du mußt erstaunen vor den Wunderwegen,
Die du gewandelt unter Kampf und Streit,
Damit allein, allein zu Gottes Ehre
Dein ganzes Streben nur gerichtet wäre.

Ich kann mir denken, was du heut' empfindest,
Ich fühl es dir aus tiefstem Herzen nach
Und weiß, wie schwer du eine Bürde findest,
Die fünfzig Jahr auf deinen Schultern lag;
Doch weiß ich auch, daß nimmer du ergründest
Die Liebe dessen, der zu Paulus sprach:
„An meiner Gnade lasse dir genügen,
Denn meine Kraft soll in dem Schwachen siegen."

Und darum, Bruder, faltest du die Hände
Und jubelst und frohlockest dennoch laut,
Und dankst dem Geber aller Gnadenspende,
Daß er auch dir ein köstlich Gut vertraut;
Und bittest ihn, daß er dich ferner sende
Zum Weinberg seiner herzgeliebten Braut,
Um fort und fort zu sammeln noch entfernte,
Erlöste Schäflein für die große Ernte.

Und ich mit dir vereine meine Bitten,
Den Herrn der großen Ernte fleh ich an,
Er wolle, wie er ehemals gestritten
In Kämpfen um sein himmlisch Canaan,
Auch ferner streiten, wenn mit schnellen Schritten
Der böse Feind sich stellet auf den Plan;
Dann kann und wird's ihm nimmermehr gelingen,
Dir nur ein einzig Schäflein abzuringen.

Dem Herrn sei Dank, daß er, von Lieb' entzündet,
Den Grund zum heil'gen Hirtenamt gelegt,
Daß sich noch immer eine Seele findet,
Die willig dieses Amtes Bürde trägt;
Dem Herrn sei Dank, daß er, mit uns verbündet,
Die Feinde seines Wortes niederschlägt
Und allen treuen Hirten einst zum Lohne
Gewißlich gibt des ew'gen Lebens Krone.

––––––

VIII.

Beileidsgedichte.

Beim Tode des Gatten.

Ein Sturm aus Himmelshöhe, erbrausend durch das Land,
Hat einen Baum getroffen, der voller Blüthe stand.
Er faßte seine Zweige und seine Wurzeln all
Und riß ihn aus der Erde und brachte ihn zu Fall.

Da liegt er hingeworfen, der schöne schlanke Schaft,
Der jüngst zuvor so strotzte vor lauter Lebenskraft!
Was half ihm seine Stärke im Kampf mit solchem Sturm?
Er fiel, und liegt am Boden wie ein zertret'ner Wurm.

Nun hat die Epheuranke, die ihn so treu und wahr
Umschlungen hielt, verloren die Stütze ganz und gar.
Am festen Stamm erstarkte die zarte Pflanze bald;
Jetzt bietet nur die Erde der Zitternden noch Halt.

Was soll ich noch erklären dies Bild aus offnem Buch?
Der theure Abgeschied'ne erklärt es Zug um Zug.
Ihn hat im besten Alter der Tod zur Ruh gebracht
Und zur betrübten Wittwe sein treues Weib gemacht.

O laß, du Schwergeprüfte, durch diese Wolke nicht
Verhüllen deinem Blicke der Gnade helles Licht.
Wohl nahm der Herr dein Liebstes, doch stehst du nicht allein,
Er will an seiner Stelle jetzt deine Stütze sein.

Und hälst du aus im Glauben, so sollst du oben ja
Den Theuren wiederschauen und bleibst ihm ewig nah,
Und wirst sodann erkennen, als sel'ges Gotteskind,
Daß Gottes Trübsalswege nur Gnadenwege sind.

Beim Tode des Gatten.

———

Auf der Todtenbahre lieget hingestreckt
Der Ernährer der Familienglieder.
Ach, der Gatte hat den herben Tod geschmeckt!
„Vater kehret nimmer, nimmer wieder!"
An dem Sarge stehn gebeugt und weinen
Seine Gattin, eine ganze Kinderschaar;
Noch im zarten Alter sind die Kleinen,
Deren Trost der liebe gute Vater war.

O, wie zärtlich war er ihnen zugethan,
Wußte Zucht und Ordnung zu erhalten,
Ging voran auf steiler, mühevoller Bahn,
Ließ im Hause Gottes Ehre walten. —
Ach, der Mund, aus dem für sie erklangen
Süße Worte, hat der Tod geschlossen nun!
Ach, die Augen, die ihr Herz durchdrangen,
Können ferner keine lieben Blicke thun!

Steht Ihr denn verlassen, ganz verlassen hier,
Schwer vom Herrn gebeugte Christenseelen?
Sollte für zerriss'ne, arme Herzen schier
Jeder Trost und jede Hoffnung fehlen?
Nimmermehr! Ihr müsset selbst bekennen,
Daß der beste Trost beim lieben Jesus weilt;
Flieht zu ihm, wenn Eure Wunden brennen,
Und im festen Glauben hofft, daß er sie heilt.

———

Beim Tode einer Gattin.

Verzage nicht, betrübter Gatte,
  Daß Gott nach seinem weisen Rath
Das, was er dir gegeben hatte,
  Nun wieder hingenommen hat;
Daß dir des Todes Ueberwinder
  So früh dein liebes Weib entriß,
Die treue Mutter deiner Kinder
  So früh zur Ruhe gehen ließ.

Wohl thut's dem armen Herzen wehe,
  Wenn solcher schwere Schlag es trifft;
Doch spricht es: „Herr, dein Wort geschehe!"
  Und fliehet in die heil'ge Schrift.
Da steht: „Wohl fallen, Hügel, Berge,
  Doch meine Gnade nimmermehr;
Und ob ich mich auch oft verberge,
  Ich bleibe nahe", spricht der Herr.

So ziehet stiller, süßer Frieden
  In das gebeugte Christenherz;
Es weiß, was ihm sein Gott beschieden,
  Ob Wonne, oder Gram und Schmerz,
Ob frühe Hülfe, oder späte —
  Es dient doch Alles immerdar
Zur Glaubensstärkung im Gebete,
  Denn Gottes Wort bleibt ewig wahr.

Wer noch auf solchen festen Mauern
  Des theuren Gotteswortes steht,
Der kann wohl eine Weile trauern,
  Wenn hoch die Trübsalswoge geht,
Doch nimmer kann er unterliegen
  Im Kampf, der ihm verordnet ist,
Sein Glaube hilft ihm fröhlich siegen,
  Weil er sich stützt auf Jesus Christ.

Und bist du nicht durch Gottes Gnade
Ein Christenmensch? Das halte fest
Und pilg're nur getrost die Pfade,
Die dich dein Gott noch pilgern läßt;
Dort oben wirst du erst erkennen,
Warum er dir dies Kreuz gebracht,
Und preisend seinen Namen nennen
Und jubeln: „Gott hat's wohl gemacht!"

Am Sarge eines Jünglings, Sohnes und Bruders.

Paſſet um den Heißgeliebten
　Eure Thränen fließen nur,
Gott im Himmel, Ihr Betrübten,
Folget Eurer Thränenſpur.
Ach, des Abgeſchied'nen Leben
War ja Euer Sonnenſchein;
Und im reichſten Frühlingsſtreben
Mußte es zu Ende ſein.

Solltet Ihr nicht weinen dürfen,
Wenn im Herzen Ihr bedenkt,
Welch' ein Leben voll Entwürfen
Ihr in's dunkle Grab verſenkt?
Wenn Ihr ernſt betrachtet grade,
Welch' ein guter Sohn es war,
Den der Herr nach ſeinem Rathe
Legte auf die Todtenbahr?

Laſſet nur die Thränen fließen!
Abraham, der Patriarch,
Mußte Thränen auch vergießen
An der lieben Sara Sarg;
Und mit Thränen einſt bedeckte
Jene Wittwe ihren Sohn,
Den der Herr vom Tod erweckte
Durch des Wortes Wunderton.

Weinet nur, Gott will nicht wehren,
Daß Euch Traurigkeit durchdringt,
Wenn Ihr nur in hoffnungsleeren
Schmerz und Zweifel nicht verſinkt,
Sondern an der rechten Quelle
Laut um Hülf' und Rettung ſchreit
Und bekundet, daß Ihr helle
Glaubensfrohe Chriſten ſeid,

Die wohl Schmerz und Trauer haben,
Wenn die Vaterhand sie schlägt,
Aber immer neu sich laben
An dem Trost, der heilt und trägt;
Die, vom Tode wohl getroffen,
In die dunkle Grube gehn,
Aber im gewissen Hoffen
Auf ein fröhlich Auferstehn.

Beim Tode einer Jungfrau, Tochter und Schwester.

—

Nach der Menschen Sinn und Meinen
Bist du viel zu früh erbleicht,
Hattest in dem Schoß der Deinen
Kaum des Lebens Lenz erreicht;
Eben öffnetest du leise
Deinen Kelch zu Gottes Preise,
Siehe, da ergriff ihn auch
Schon des Todes kalter Hauch.

Und der Blüthenkelch sank nieder,
Aller seiner Blätter bar;
Und der Erde giebt man wieder,
Was ihr einst entnommen war;
Oede sind nun diese Räume,
Denn der Zukunft gold'ne Träume
Ueber ein geliebtes Bild
Hat des Todes Nacht umhüllt.

Aber laßt die Trauer schwinden,
Die Ihr hier versammelt seid,
Lasset Euch den Trost verkünden:
Nur entschlafen ist die Maid;
Ihre zarte Leibeshülle
Schläft in süßer, heil'ger Stille,
Bis der, welcher sie erschuf,
Sie erweckt durch seinen Ruf.

Ihre Seele aber schwebte
Längst in ihres Heilands Arm,
Hin zu ihm, für den sie lebte,
Den sie liebte voll und warm;
Dorten in des Himmels Auen
Werdet Ihr sie wiederschauen,
Wenn Ihr Treu und Glauben hegt,
Bis auch Euer Stündlein schlägt.

— —

Beim Tode der Tochter einer Wittwe.

Arme Wittwe! All' dein Flehen:
„Mache doch mein Kind gesund!"
Ließ der liebe Gott geschehen —
Keine Hülfe that er kund.
Diese Augen sind geschlossen,
Trotz der Thränen, die geflossen
Unaufhaltsam, Tag und Nacht,
Bei der stillen Krankenwacht.

Arme Wittwe! Im Entbehren
Mußtest du schon manches Jahr
Unter Seufzen dich ernähren,
Dich und deine Kinderschaar;
Denn dein Gatte wurde frühe
Schon aus dieses Lebens Mühe,
Mitten aus der vollen Kraft
Durch den Tod dahingerafft.

Arme Wittwe! Neues Hoffen
Ruhte auf der Tochter nun;
Hier war eine Hilfe offen
Für dein schweres Wittwenthum;
Denn die Tochter wuchs und diente
Dir zum Trost und Hoffnung grünte,
Und so schien nach vieler Noth
Endlich dir ein Morgenroth.

Arme Wittwe! Menschen denken,
Aber Gott, der Herr der Zeit,
Weiß zu richten und zu lenken
Ueber alles Denken weit.
Sieh, nach seinem Gnadenwalten
Mußte Gott für besser halten,
Daß er, dir zu tiefem Gram,
Die geliebte Tochter nahm.

Arme Wittwe! Trage, trage
Dieses Kreuz aus Gottes Hand!
Trag' es willig und entsage
Allem, was dein Herz empfand
Ueber deines Kindes Scheiden
Aus den ungezählten Leiden
Einer Welt, so flach und hohl —
Deinem Kind ist ewig wohl.

Arme Wittwe! Deine Zähren
Hast du nicht umsonst geweint.
Siehe, Gott will dich ernähren
Besser wie dein Herz es meint.
Alle deine Seufzer drangen
Auf zu Gottes Thron und rangen
Ihm die süßen Worte ab:
„Weine nicht! Ich bin dein Stab!"

Beim Tode eines Kindes.

Es hat des Tod mit kalter Hand
  Ein Blümelein geknickt,
Das eben noch in Blüthe stand
Und Aug' und Herz entzückt.

Wie hat es Elternhand gepflegt,
Wie Elternaug' bewacht,
Geschwisterliebe hingelegt
In Gottes Schutz und Macht.

Doch gegen Sorge, Müh' und Noth
Um das geliebte Kind
War der gestrenge bleiche Tod
Ganz unerbittlich blind.

Er setzte seine Sense an —
Ein Schnitt — da war's gescheh'n;
Der Sand im Stundenglas zerrann,
Die Lebensuhr blieb stehn.

O, unerforscht ist Gottes Rath!
Wer hat ihn je erkannt?
Er wandelt nimmer Weg und Pfad
Nach menschlichem Verstand.

Er sucht der Menschen bestes Theil
Bei Allem, was er thut;
Er suchte auch des Kindes Heil,
Das jetzt im Grabe ruht.

Es starb in seinem Jesus lieb;
Nun liegt's an seiner Brust,
Und statt der Noth, die uns verblieb,
Genießt es Himmelslust.

Was klaget Ihr und jammert so
Um Euren Herzensschatz!
Lobsinget doch und werdet froh
Ob Eures Kindes Platz.

Und bleibt im Glauben an den Herrn,
Im festen Glauben steh'n,
Dann sollt Ihr Euren Augenstern
Im Himmel wiederseh'n.

Beim Tode eines Kindes.

———

Es sprach der Herr, und es geschah;
Es kam der Tod gegangen;
Auf Blitzes Flügeln war er da;
Ein Leben, kaum der Knospe nah,
Das hielt er fest umfangen.

Und riß es von dem Vater los,
Hinweg vom Mutterherzen,
Und trug es in des Grabes Schoß,
Und achtete nicht Jammer groß,
Nicht Thränen, Angst und Schmerzen. —

Herr, wie du willst! Dein heilig Wort,
Dein Wille muß geschehen!
Du gabst es, Herr! Du nahmst es fort!
O, laß es uns im Himmel dort
, Einst fröhlich wiedersehen!

———

Beim Tode eines Kindes.

Vor der Thüre hängt ein Trauerzeichen:
Ach, der Tod besuchte dieses Haus!
Ach, ein frisches Leben mußte bleichen,
Hauchte seinen letzten Odem aus!

Und am Sarge stehen die Gebeugten;
Worte fassen ihre Schmerzen nicht;
„Lasse ihnen, Herr, von oben leuchten
Deines Trostes süßes, helles Licht!"

„Ach, wie hast du sie so hart geschlagen!
Ach, von tiefem Schmerze fast verzehrt,
Müssen sie ihr Kind zu Grabe tragen,
Eine Blume, wunderhold und werth."

„Unbegreiflich bleiben deine Wege!
Warum ruhet hier dein Arm so schwer?
Warum treffen deine Hammerschläge
Grade dieses Elternpaar so sehr?"

„Oben wird sich ihrem Blicke klären,
Was auf Erden ihm so dunkel blieb;
Oben wird dein Vaterherz sie lehren,
Was zu solcher Züchtigung dich trieb."

„Bleibe ihre Stärke nur hienieden,
Bis sich ihnen einst nach kurzer Fahrt
Der ersehnte ew'ge Himmelsfrieden
Dort im sel'gen Schauen offenbart."

Beim Tode eines Kindes.

Die Arme offen zum Willkommensagen,
  So haben Engel dieses Kind empfangen
Und ihren Schatz mit himmlischen Verlangen
An Jesu treue Heilandsbrust getragen.

Dort liegt es nun, enthoben aller Plagen,
Die hier so früh sein kleines Herz durchdrangen
Und jubelt, daß es fröhlich eingegangen
Zu Freuden, die wir nicht zu fassen wagen.

O, das beherzigt, die Ihr hier geblieben
Im Jammerthal, Ihr Eltern, Ihr Verwandte,
Es ist zu Eurem Troste ja geschrieben!

O, nehmt in Demuth, was der Herr Euch sandte
Und seid bestrebt, so innig ihn zu lieben,
Wie Euer Kind ihn liebte und bekannte.

Am Sarge eines Pathkindes.

Mein Pathchen ist zur Ruh gegangen;
　　Beim Spielen ward es müd und matt
Und trug ein herzliches Verlangen
Nach seiner letzten Ruhestatt.

O stille!　Stört den lieben Kleinen
In seinem süßen Schlummer nicht
Und laßt die Sonnenstrahlen scheinen
Auf seinem Engelsangesicht!

Sie wollen ja dem Herzen zeigen,
Daß seine Seele oben weilt
Und dort im hohen Himmelsreigen
Mit Engeln ew'ge Wonne theilt.

Denn, was ich einst für ihn versprochen
Bei seiner Taufe inhaltsschwer,
Das hat der Liebling nicht gebrochen
Und bricht es nun und nimmermehr.

Deß bin ich froh in Eurer Seele,
Ihr lieben Eltern, allezeit;
Und dieses Trostes Stärke stähle
Und helfe Euch in eurem Leid.